Eva Lenherr · Rindsdarmkopf

Der Verlag und die Autorin danken der Stadt Winterthur für die grosszügige Unterstützung für die Produktion des Buchs.

Stadt Winterthur

1. Auflage 2023
BUCHER Verlag
Hohenems – Vaduz – München – Zürich
www.bucherverlag.com

Gestaltung: Lisa Gamper
Herstellung: Jelgavas tipogrāfija, Lettland

ISBN 978-3-99018-673-2

Eva Lenherr

Rinds
darm
kopf

BUCHER

Danke an Patrick, Susanne, Anna und Ruedi

Teil 1

Blau seien ihre Augen gewesen, ihre Haut glatt, ohne die typischen Fältchen und Runzeln von Neugeborenen. Per Bauchschnitt ins Leben gezogen. Begleitet vom sonntäglichen Abendgeläut der nahen Kirche. Mutter habe sich gewundert über die junge Krankenschwester mit dem schönen, kleinen Mädchen im Arm. Eine Erscheinung oder doch aus Fleisch und Blut? «Meines?», ruft sie ungläubig, als es ihr in die Arme gelegt wird. Mit grossen, wachen Augen schaut das Kind vom Vater zur Mutter. Als kenne es sie schon lange. Auf den Namen habe Mutter beharrt. Eve. Dem Vater wäre Beatrice oder Doris lieber gewesen. Aber Mutter habe ja gleich nach der Operation den künftigen Namen des Mädchens gestammelt. Weh, Weh, Weh, Eve, Eve, Eve.

Eves Erinnerungen an die Zeit nach ihrer Geburt sind kaum vorhanden. Der Geruch des Wassers, in dem sie gebadet wird, ein weisser Gummiring mit roter Rassel. Kräftige Arme, die sie hin und her wiegen, schattenwerfende Wände, grün-gelb gesprenkelte Wiesen, Regen, der aufs Verdeck des Kinderwagens trommelt. Als Eve in das sommerliche Laub der Bäume hinaufschaut, stellt die Mutter erstmals leicht bedauernd fest, dass Eves blaue Augenfarbe ins Grünliche wechselt.

Erst zwei Jahre danach kann sich Eve bestimmte Ereignisse merken. Es sind Mosaiksteine, die besonders leuchten und aus verschiedenen Gründen haften blieben. Das Gedächtnis hat sie aufbewahrt wie kurze Filme, die bis zum heutigen Tag nichts an Farbe und Eindringlichkeit eingebüsst haben, abrufbar sind, als wären sie gestern geschehen.

Die erste deutliche Erinnerung setzte sich an einem Nikolaustag in ihrem Hirn fest, als sie in der Morgendämmerung wach wird. Sie schaut sich im verdunkelten Zimmer um. Die Luft besteht aus grauen, durcheinander flitzenden Fäden. Sie steht auf, weil sie pinkeln muss, schlaftrunken schwankt sie hin und her. Sie öffnet die Tür, stolpert über ein Bündel, das auf der Schwelle liegt, erschrickt, spürt Schmerz im Fuss. Sie schaut auf das Hindernis. Es ist ein goldenes Netz, in dem farbige Holzhäuser liegen. Eve hebt es auf und legt es auf den Tisch. Fährt mit den Händen über die grobe Struktur der glänzenden Verpackung, die ihren Füssen wehtat. Überraschung, Freude und Schmerz fühlt sie gleichzeitig.

Es ist Frühling. Eve steht auf dem untersten Tritt der seitlich abgerundeten, steinernen Treppe eines Eckladens. Sie schaut nach oben in den weiten, hellgrauen Himmel. Da geschieht es. Sie spürt, wie sie vom Himmel her von einer Art überdimensionalem Wesen betrachtet wird. Sie sieht sich selbst von weit oben, wie sie verdattert dasteht, wie vom Blitz berührt. Man hat sie im Himmel wahrgenommen und es ihr wortlos mitgeteilt. Sie erwacht, wie aus einem kurzen Traum, ein Auto fährt vorbei, Kinder spielen Ball und eine Frau mit Kopftuch klopft Teppiche. Verdutzt steht sie da, erstaunt über das alltägliche Leben um sie herum, das kurz stockte und jetzt weiter geht wie zuvor.

Draussen auf dem Trottoir wartet Eve auf die Mutter, die im Laden einkauft. Eve nähert sich einem etwa zwei Meter entfernten, einsam dastehenden Kinderwagen. Das Verdeck ist cremefarben, festgeknöpft auf halber Höhe, sodass Eve nicht hineinsieht. Wie das, was darin liegt, wohl aussieht? Muss es geschützt werden? Ist es fragil? Feinhäutig? Sie stellt sich auf die Schuhspitzen um einen Blick zu erhaschen. Ein hurtig herbeieilender Mantel schiebt sich vor ihre Augen und rollt mit dem Wisa Gloria 50er-Jahr-Modell davon.

Frühling. Nicht so wie auf dem Land. Eher verschämt, wie eine knospende Blume im Topf. Weisse Samen in der Luft, die zeichenhaft zur Erde schweben. Grauer, körniger Verputz, wenn sie vom kleinen Balkon im fünften Stock am Haus hinunterschaut. In der Nacht träumt Eve von einer fleischigen Blondine in weisser Unterwäsche. Unaufhaltsam klettert die Frau, sich an der Hauswand festhaltend, zu ihr hinauf, steigt über das Balkongeländer. Eve bewegt sich zitternd rückwärts, sinkt, nach Atem ringend, auf ihr Bett, das vollbusige Gespenst, das ihr gefolgt ist, anstarrend. Drohend steht die halb nackte Frau in Büstenhalter und Spitzenschlüpfer vor ihr. Ihre hellblonden Haare zum Knoten aufgesteckt, schaut sie Eve mit stechenden, bösen Augen an. Die Frau hat nichts anderes im Sinn als Eve zu töten. Es gibt kein Entkommen – da erwacht sie und es ist nur ein Traum gewesen, stellt sie, sich lange vergewissernd, fest.

Doch jetzt ist es hell, die Luft warm. Im Hinterhof, in den sie vom Küchenbalkon hinabsieht, fahren Lastwagen und halten vor der Druckerei. Männer in Arbeitsanzügen steigen aus, verschwinden im Gebäude. Dann kommen sie wieder heraus, gefolgt von anderen Männern in blassblauen Arbeitskleidern. Erst jetzt bemerkt sie die Zuber vor dem Haupteingang, gefüllt mit Wasser. Sie zweifelt an dem, was sie sieht. Die Männer beginnen zu kämpfen, sie versuchen einander in die Zuber zu stossen, sie schreien, durch und durch nass. Dunkelblau glänzend spicken sie aus den Wannen und werden wieder hineingestossen, ihre Köpfe unter Wasser, die Körper zuckend, strampelnd schlagen sie mit den Armen auf das Wasser, das aufspritzt und den Asphalt darum herum schwarz einfärbt. Sie schnappen nach Luft. Am hellen Tag. Niemand kommt ihnen zu Hilfe, kein Polizist gebietet Einhalt. Ein grausames Fest. Unfassbar. Entsetzlich. Niemand stört sich daran. Ein paar Frauen an den Fenstern schauen ruhig zu.

Am Fenster zur Strasse. Ein feiner Schnee rieselt. Menschen gehen vorbei. Sie gleichen stummen Schatten. Das Stehen und das Gehen. Eve schaut auf den Schnee, der ohne Ende von oben herunterfällt. Die Schatten durchschneiden ihn eilends und biegen um die Hausecke.

Eve sitzt auf der Holzschwelle zur Küche. Der Raum ist hoch. Die Mutter gross. Sie neigt sich zu Eve hinunter und schenkt ihr ein hübsch verpacktes, hartes Bällchen. Eve ist betört von der orange glänzenden, durchsichtigen Folie, wickelt sie aus, entblösst ein glitzerndes, reines, weisses Lutschbonbon in der Form einer winzigen Zwiebel. Neugierig steckt sie es in den Mund. Der scharfe Saft breitet sich über die Zunge aus. Es ist ein unerwarteter, strenger, prickelnder Genuss. Die Mutter erzählt vom Zwiebelmarkt. Ein uralter Brauch, wo Bauersfrauen mit lauten Stimmen Zwiebeln anbieten und Zuckerzeug. Eve sieht sie vor sich, ihre braunen Gesichter, ihre roten Wangen, die Zwiebelstränge schwenkend, bis die Häute abplatzen und zwischen die Stände flattern. Ein kalter Abend im November. Ihre Zunge brennt. «Ein Jahrhunderte alter Brauch», sagt die Mutter, «noch eins und dann ist Schluss.»

Die Mutter zieht den Schlitten. Eve sitzt darauf. Sie schaut auf den weissen Mond im zartblauen Abendhimmel und stellt sich seine Beschaffenheit vor. Bananenfleisch scheint ihr einleuchtend. Der Schlitten gleitet schnell über den rötlich leuchtenden Schnee. Der Mond schaut auf sie herunter. Hat jemand wohl schon sein süsses Fleisch gekostet? Feindliche Unantastbarkeit strahlt er aus.

Ein Lebensmittelladen befindet sich in ihrem Wohnhaus. Darin bedient Frau Liebermann. Sie hat dunkle Haare und funkelnde Augen. Ihr Gesicht ist blass, voller Falten. Behände stellt sie die Waren auf den Ladentisch. Waschpulver braucht die Mutter. Dazu gibt es ein kleines Bilderbuch, das an die Packung geheftet ist. Meistens sind es Märchen in sehr bunten Farben. Wangen mit weissen Punkten zeigen wie ein Gesicht vor Freude glänzt. Nachts träumt Eve, wie eine dunkelhaarige, ältere Frau in einer grossen Pfanne einen Brei kocht. In einer anderen Pfanne einen zweiten. Als sie einen Blick in die Pfannen werfen darf, die jetzt zum Auskühlen hinter der Zimmertür stehen, sieht sie darin je einen weissen und einen schwarzen körnigen Brei. Eve weiss, dass zwei Katzen verschwunden sind. Eine schwarze und eine weisse. Beim nächsten Einkauf mit der Mutter schaut Eve Frau Liebermann gedankenvoll an. Könnte sie eine Hexe sein, die tagsüber so harmlos in ihrem Laden steht? «Gefallen dir die Märchen», fragt Frau Liebermann Eve über die Theke hinweg. Eve schaut zu Boden, sie kann dem Blick Frau Liebermanns nicht standhalten. Vielleicht das nächste Mal.

Sonja, im selben Haus wie Eve wohnend, ist acht Jahre älter. Sie hat blond-rote Haare, lädt Eve zu sich ein. Teenachmittag für alle Puppen. Das kleine Geschirr glänzt in der Nachmittagssonne. Die Puppen sitzen auf Stühlen und schauen mit Schlafaugen vor sich hin, in toter Gemütlichkeit. Sonja schiebt den Paravent aus der Ecke in die Mitte des Raumes, setzt sich dahinter, ruft nach Eve und beginnt von Fleischeslust zwischen den Beinen zu sprechen. Sie will sehen, wie es bei Eve da aussieht. Zuerst hebt Sonja ihren Rock hoch, schiebt die Unterhose zur Seite und zeigt Eve ihre rötlichbehaarte Scham. Eve starrt darauf. Zeigt ihr Geschlecht nach einigen freundlichen Ermunterungen ebenfalls. Weiss nicht, warum, wozu. Schaut vor sich hin. Sonja nimmt ihr das Versprechen ab, niemandem davon zu erzählen. Eve fühlt sich schuldig. Sieht Sonja ab da mit anderen Augen an. Sie ist gefährlich, lüstern, weckt Sinnlichkeit, verführt, verwirrt.

Im Schwimmbad. Sonne, viele Menschen. Der Geruch nach Sonnencremes, Gras und Kakaogetränken. Eve bewegt sich durch viele Menschen, die auf Decken sitzen. Sie hat eine Skulptur im Wasserbecken ins Auge gefasst. Der muskulöse Körper eines Mannes aus dunklem, glänzendem Stein zieht sie unwiderstehlich an. Stumme Kraft, die, unberührt vom lebhaften Treiben um sie herum, endlos dasteht. Eve vertieft sich in die Schwärze des Steines, der sie aus dem heiteren Badenachmittag wegführt, sie erinnert, an Urahnen vielleicht, die ihre dunklen Rücken an der Sonne wärmten. Perlendes Wasser auf Armen, Bäuchen und Beinen. Eve kniet sich an den Beckenrand, taucht ihr Gesicht ins Wasser, das Wasser steigt durch ihre Nase ins Hirn. Ein starker, alles umfassender Schmerz. Die Mutter zieht sie aus dem Wasser und hebt sie zu sich hoch. Eve ist entsetzt über die Bosheit des Wassers.

Eve läuft von zu Hause weg. Sie geht die Strasse entlang, immer weiter, kümmert sich nicht um den Rückweg, hinaus in die Welt! Sie trifft spielende Kinder vor einem grossen, gemütlich wirkenden Einfamilienhaus. Sie wird gebeten, einzutreten, und bestaunt einen Mann, den sie sofort als Vater anerkennt. Ein dunkelhaariger, jüngerer Mann, der sehr gut aussieht, in einem Schaukelstuhl sitzt, und sie freundlich anlächelt. Hier will sie bleiben. Sie mustert ihre neue, sehr hübsche Mutter, die Eve fragt, woher sie komme, sie betrachtet die dunkel glänzenden Holzböden, geniesst das angenehme Licht im Raum. Eve ist zufrieden, froh. So beginnt ihr neues Leben mit neuen Geschwistern, neuen Eltern, die sie gesucht und gefunden hat. Sie bemerkt nicht, dass öfters telefoniert wird und plötzlich sieht sie ihren wirklichen Vater auf sich zukommen. Es wird nett geredet, erleichtert gelacht. Schliesslich wird sie an der Hand genommen und weggeführt. Sie wird sie nie mehr vergessen, diese fröhliche, nette Familie.

Die Mutter besucht mit den beiden Töchterchen ihre Freundin Maria, die Patin Agathes, Eves kleine Schwester, die Geburtstag hat. Die Patin schenkt Agathe eine hölzerne, flache Puppe, die mit einem blau-weiss gestreiften Blüschen und einer roten Latzhose bekleidet ist. Ihre Glieder lassen sich bewegen, die Beine, die Arme, der Kopf. Sie kann im Spagat den Kopf biegen wie keine. Die aufgemalten blauen Augen mit langen schwarzen Wimpern, die schwarzen Punkte für die Nase und das rote Schmollmündchen sind hübsch verteilt im rundlichen, braunen Gesicht. Eve sieht Agathes Überraschung und Freude, hört die erstaunten Laute der Mutter. Eve erträgt das Zuschauen nicht. Der Neid verwandelt sie in einen Wurm. Sie kriecht unter dem Tisch herum. Sie fühlt sich bleich und schlecht, ist wütend. Sie hat eine Holzspule zum Spielen entdeckt und sich zum Ziel gesetzt, sie als Geschenk zu behalten. Doch Maria nimmt ihr die Spule scherzend weg. Eve ist verzweifelt. Wie konnte man sie leer ausgehen lassen! Welche Ungerechtigkeit. Die Mutter und Maria reden fröhlich weiter. Eve kämpft mit den Tränen. Sie empfindet Abscheu vor sich selbst und Scham, die sie täppisch zu überspielen versucht.

Ein Umzug steht bevor. Von der Stadt aufs Land. Eve gefällt es in der Stadt. Sie liebt den Innenhof hinter dem Haus mit seinen grauen Mauern und Mäuerchen, die Pflanzen in den steinumrandeten Gartenbeeten, den Holzzaun, wo sich die Nachbarskinder in einer Reihe aufstellen und sich daran anlehnen. Die grossen Mädchen, die mit wissenden Augen auf die Kleinen schauen, sie übermütig anlachen. Ein Verlagshaus nimmt die Hälfte des Hofes ein, hat eine Zufahrtsstrasse, die häufig von ein und ausfahrenden Lastwagen benützt wird. Dies ist eine Gefahr für die Kinder. Die Mutter will deswegen umziehen.

Eve und Agathe dürfen eine Tapete für das Kinderzimmer in der neuen Wohnung aussuchen. Sie sitzen im Untergeschoss eines Tapetengeschäftes. Sie blättern in grossen Katalogen mit Mustern aller Art. Wild, ornamental, blumig, abstrakt. Das Muster mit den kleinen Giraffen gefällt ihnen am besten. Wie gross ist ihr Staunen beim Einzug in die neue Wohnung, als sie an die Wand des Kinderzimmers schauen. Wilde Striche, Vierecke, Farbpunkte, ein durcheinandergebrachtes Musiknotenheft. Die Mutter versichert den beiden Mädchen, das sei die von ihnen ausgewählte Tapete. Doch wo sind die hübschen Tiere. So suchen Eve und ihre kleinere Schwester Giraffen in dem Muster, das in einer gewissen Regelmässigkeit lang gezogene Hälse zeigt, wenn man guten Willen hat, sie zu entdecken. Die Enttäuschung bleibt. Die Giraffen werden jahrelang vermisst.

Eve stapft in schwarzen, glänzenden Stiefeln, die eigenartig nach Gummi riechen, in aufgeworfener Erde um den neuen, teils hellblau bemalten Wohnblock. Zwei weitere, genau gleiche Häuser stehen mit je einem Rasen dazwischen nebeneinander. Tief sinken die Stiefel in die Erde. Eve fühlt sich wohl im Dreck, betrachtet die kahlen Häuserwände, wo noch niemand wohnt. Beton, glatt gestrichen. Sie biegt um das nächste Haus, Wiederholungen, wohin sie schaut. Die Fenster in regelmässigen Abständen sind dunkel. Der glänzende, rote Anstrich der Türen und Briefkästen riecht nach frischer Farbe. Es ist noch niemand sonst eingezogen. Eve steht im Dreck, fühlt sich als Pionierin. Bald kommen die anderen, versichert die Mutter. Für Eve unvorstellbar.

Eve will ihre Freundinnen aus der Stadt wieder sehen. Sie warten an der Bushaltestelle: Eve, ihre Mutter und die kleine Schwester. Da braust der Bus heran. Die vier Mädchen steigen aus. Sie sind vertraut und doch so fern, nicht mehr zu fassen. Besucherinnen aus der Vergangenheit, aufblühend für einen Nachmittag, Tee trinkend, plaudernd, Erinnerungen austauschend, wieder aufbrechend, wegfahrend. Eve sieht sie nie mehr.

Das Bett im Kinderzimmer wird zur Kutsche. Der Nachbarsbub lenkt sie. Alles wird draufgepackt. Spiele, Puppen, Bären, Kleider, Koffern. Federnde Fahrt in eine gefährlich-verlockende Welt. Schnaufend sitzen Eve und Agathe hinter dem Buben, der fröhlich schreit und mit einer

Peitsche auf ein unsichtbares Pferd knallt. Er ruft die Stationen aus, macht sich und die beiden Mädchen glauben, wirklich unterwegs zu sein. Irgendwann lässt sein Eifer nach, die Mädchen lachen, das aufgetürmte Zeugs fällt nach und nach zu Boden. Wie klein das Zimmer ist, wie grau das Wetter draussen.

Eve rennt oft mit anderen Kindern ums Haus herum. Beinah ohnmächtig vor glühender Lust. Einmal fällt sie um, platt auf den Rücken. Der Atem stockt, setzt aus. Kein Mensch ist in der Nähe. Ein Sommertag, der einfach weitergeht. Als sie wieder atmen kann, ist sie erleichtert, davongekommen zu sein, leben zu dürfen.

Ein sommerliches Gartenfest findet auf dem Rasen hinter dem Haus statt. Es werden lange Tische und Bänke aufgestellt. Aufregung und Lachen. Die Bewohner des neuen Wohnblocks, in dem Eve mit ihrer Familie wohnt, setzen sich, schön gekleidet, die Frauen in geblümten Sommeröcken, die reifrockartig abstehen, die Männer in weissen, kurzärmligen Hemden. Sie necken einander zaghaft, angeregt, verschämt lüstern. Eve und Agathe spielen mit den Nachbarskindern zwischen den riesigen Bäumen einer Allee, die hinter dem Wohnblock zu einem alten Herrenhaus führt. Eve fühlt sich befreit, wild, unbeobachtet. Das Geplauder der Erwachsenen erfreut und berauscht sie. In der Dunkelheit werden Lampions angezündet. Ein grossartiger Ausnahmezustand, der kein Ende nehmen soll. Doch dann ruft die Mutter vom Balkon her ihre Namen und entzieht Eve und Agathe der fröhlichen Gesellschaft. Durchs offene Fenster hören sie noch eine Weile auf die Geräusche draussen, an denen sie keinen Anteil mehr haben.

Als Eve sich für das allwöchentliche Bad auszieht, schaut sie an sich herunter. Kleine Brüste wölben sich sanft. Sie spürt, wie sich ihre Schenkel aneinander reiben, sie sieht sich in roten Strümpfen, die in der Mitte der Oberschenkel enden. Sie schwitzt. Da erst bemerkt sie die Jungs, die auf die mannshohe Mauer vor dem Fenster geklettert sind und zu ihr hereinschauen, tuschelnd, verdrückt lachend. Sie schämt sich. Nach dem Baden wickelt die Mutter Eve in ein Frottiertuch und trägt sie durch den Korridor in die Küche, setzt sie dort auf den mit einer Decke belegten Küchentisch. Das tut sie jeden Freitag seit neun Jahren. Die frischen Kleider liegen bereit und Eve zieht sich mithilfe der Mutter an. Die Mutter beschliesst, dass sich Eve ab jetzt alleine baden kann. Sie sei so gewachsen, dass ihre Füsse beim Raustragen den Boden berührten.

Die Mutter möchte Eve noch etwas sagen. Da sie jetzt bald die erste Kommunion feiere. Ob Eve schon bemerkt habe, dass sie und Vater nicht nach vorne gingen, wenn die Hostien verteilt würden. Vater sei geschieden und habe sie nicht mehr kirchlich heiraten dürfen. So hätten sie von der Kirche ein Verbot, das lebenslänglich sei. Eve hört gespannt zu. Ihr Herz schlägt schnell. Mutter und Vater kommen ihr wie Verbrecher vor. Traurige Ausgeschlossene, die, ohne viel Worte zu machen, sich ins Gegebene fügen müssen. Mutters bis dahin verschwiegenes Geheimnis gibt ihr zu denken. Sie weiss nicht, ob sie sich freuen soll auf die Gnade der Erstkommunion. Sie denkt an ihren Vater, der immer ganz hinten in der Kirche steht mit Hut, im Regenmantel. Einer der ganz schnell hinaus gehen, die Kirchentüre hinter sich zu ziehen und sich draussen herumtreiben darf. Ohne Gnade. Als ewiger Sünder.

Eve sperrt sich ins Badezimmer, zieht das Hemd aus und schaut in den Spiegel. Zwei weisse, fleischige Hügel mit je einer Rosine obendrauf. Sie schämt sich, knetet wütend an den wachsenden Brüsten herum, sie befiehlt ihnen, im Wachsen inne zu halten. Dieses unverschämte Gedeihen des Fleisches bringt sie zum Weinen. Sie ist wütend, dass gerade sie dazu auserwählt ist, so früh schon eine Frau zu sein. Ein unaufhaltsames Schicksal, gegen das sie ankämpft. Sie zieht nur noch den einen gestreiften Pullover an, darüber die Schürze. So kann sie verbergen, was niemand sehen soll. In der Schule wird ein Lungentest gemacht. Das

Tuscheln der Kinder, als sie sich oben freimachen soll. Die tiefe Scham, die sie empfindet, ob all dem Kichern, Lachen und Flüstern.

Eve und Agathe spielen ganze Tage Geschichten aus dem Alltag. Sie suchen sich Menschen aus, die sie bewundern. Zum Beispiel Irma. Irma ist ein älteres Mädchen mit hübschem, knochigem Gesicht, Sommersprossen, einer Stupsnase und der Stimme einer frechen Göre. Sie sitzt lässig auf dem Stuhl in ihrem karierten Jupe und durchsichtigen Strümpfen, während der Pfarrer Unterricht gibt. Eve merkt sich jede Bewegung, jeden Gesichtsausdruck von Irma. Susi, ein dunkelhaariges, kräftiges, selbstbewusstes Mädchen ist Irmas Freundin. Eve verteilt die Rollen. Eve verwandelt sich in Irma, und liebt es, wie Irma dazusitzen. Agathe bemüht sich, eine glaubwürdige Susi zu sein. Eve wird wütend, wenn Agathe in der Möglichkeitsform redet. «Sage nie mehr, ich würde oder wäre, sonst bist du aus dem Spiel», schreit Eve. Agathe ist auf der Hut und will keinen Fehler machen. Verspricht sie sich, kassiert sie einen bitterbösen Blick von Eve. «Ich bin Irma, ich stehe da, spiele mit dem Schirm, kichere, schäkere mit Jungs, die mich grenzenlos anschwärmen. Ich trage rote Strumpfhosen und du bist Susi und bist meine Freundin, die so reizend lächelt. Wir kommen zu spät in den Unterricht, wir schwänzen, haben den Kopf voller Flausen. Uns kann die Welt mal!!!»

Der Papageienbaum. Er steht auf dem Rasen zwischen dem ersten und zweiten Haus. Beim Sandkasten. Im Frühling und Sommer fällt er nicht weiter auf, doch im Herbst, wenn sich seine länglichen Blätter verfärben, sieht es aus, als sässen viele rotbraun-gelbe Papageien darauf. Eve betrachtet ihn vom Küchenfenster her, bewundert die stummen Vögel, die leicht hin- und herschwingen, wenn der Wind sie bewegt.

Eve fühlt sich manchmal wie in einem Bilderbuch. Sie wird betrachtet von einem unsichtbaren, riesigen Kind. Wenn sie mit ihren hellblauen Holzskiern den kleinen Abhang vor dem Haus runterfährt. Wenn sie in den Schnee fällt, die warmen Wangen am eisigen Boden, aufsteht und mühsam im Tannenschritt den Hügel hoch steppt, oben eine Weile ausruht, die Stöcke unter die Arme klemmt, die nächste Abfahrt wagt. Lächerlich kurz, nicht der Rede wert. Sie ist froh, dass die Seite im Buch nicht umgeblättert wird. Das Kind lässt ihr die Zeit, betrachtet die Grimasse, die Eve schneidet, die rausgestreckte Zunge, die Bewegung der Arme, wenn sie die Skistöcke hochhebt. Eve steht dann lange Zeit starr und steif da, schaut in den leeren, blauen Himmel. Ein eisiger Schneeball fliegt auf sie zu. Er trifft sie hart und wuchtig. Wer war das? Die nächste Seite ist aufgeschlagen im Riesenbilderbuch.

Sommerferien am See. Über alte Pflastersteine laufen Eve und Agathe ihrer Mutter nach. Die Mutter läuft geschwind. Die Mädchen sind ausser Atem. «Wir sind da», ruft die Mutter vor einem hohen, alten Haus. Es tropft aus einem Rohr, es riecht modrig. Ein dunkles, gewundenes Treppenhaus. In der kleinen Wohnung ist alles sehr einfach. Weniger modern als zu Hause. Ein Waschbecken aus Stein. Die Mutter liest den Kindern eine Geschichte vor. Sie sitzen im Fenstererker. Die grünen, abblätternden Fensterläden, die Seeluft. Es ist kein Badewetter, deshalb kauft die Mutter Wolle. Eve soll ihrem Vater Socken stricken für Weihnachten. Sie sitzen auf Parkbänken in Seenähe. Der Vater kommt eine Woche später. Endlich ist es heiss. Am sandigen Strand werden die Schwimmringe aufgeblasen, sie sind gelb-grün mit dünnen, dunkelblauen Zeichnungen darauf. Ein Mädchen aus Agathes Schule ist auch da. Iris. Sie ist so mager, dass die Knochen zu sehen sind. Sie steht da im grellgrünen, nassen Badkleidchen. Ihre Lippen sind violett. Ein seltsamer Kontrast zum blonden, lockigen Haar. Die Mutter befiehlt Iris an der Sonne zu bleiben, sich aufzuwärmen, doch Iris läuft in das kniehohe Wasser, steht darin herum, verschränkt die Arme und klappert mit den Zähnen. Am Abend ist ein Sommernachtsfest am See. Eve und Agathe dürfen nicht mit. Sie sind zum ersten Mal in ihrem Leben ganz allein in einer fremden Wohnung.

Hat Vater die Mutter nicht eben zärtlich angeschaut und beim Vornamen genannt. Eve freut sich, wenn die Eltern sich annähern. Es ist schon dunkel, der Brunnen plätschert draussen. «Wenn du einmal tot bist», sagt Eve zum Vater, «wie meldest du dich dann bei uns?» Vater lacht kurz. «Ich werde als Licht wiederkommen.» Dann gehen die Eltern schön gekleidet zum See hinunter. Die süssen Schlagermelodien klingen bis zu Eve und Agathe hoch. Eve träumt von ihren Eltern, wie sie sich halten, sich zur Musik drehen, sich anschauen, lächeln in süsser Seligkeit.

Eve liegt neben Agathe im Bett. Das Zimmer ist abgedunkelt, der Tag vergangen. Die tägliche, ungestörte Freiheit der Fantasien und Gedanken. Eve mag diese Zeit. Sie hört ihre Schwester gleichmässig atmen. Sie hat schon seit einiger Zeit Lust auf Verbotenes. Es kitzelt zwischen den Beinen. Sie berührt sich an der Klitoris, die lustvoll anschwillt. Sie reibt sich, sie weiss nicht, wohin das führt, es steigert sich, wohin? Ein grausig-lustvoller Abgrund tut sich auf. Was geschieht, wenn sie sich ohne Unterlass reibt. Sie ist getrieben, wie von einem juckenden Mückenstich. Das erlösende Zucken lässt keinen Rückwärtsgang mehr zu. Eve stöhnt in Wonne und Feuchtigkeit, die klebrig an ihrem Zeigefinger haften bleibt. Die Sünde wird ihre Begleiterin, die Eve trotz ihrer heftigen Gegenwehr verführt, unterwirft, beschämt.

An trüben Samstag oder Mittwochnachmittagen gibt es in Silberpapier eingewickelte, rechteckige, dünn ausgewallte Kaugummis. Danach liest die Mutter den beiden kauenden Mädchen aus einem grossen Buch vor. Eine hübsch gezeichnete Alphütte mit einer Tanne davor ist auf dem Umschlag zu sehen. Die Mutter sitzt in einem Louis-Seize-Sessel, Eve und Agathe liegen auf dem dunkelrot gemusterten Teppich davor. In die Berge steigen, in verrückter Blütenpracht herumspringen. Wegen grosser Hitze die Kleider ausziehen und im Unterrock weiterwandern zu einem noch nie gesehenen Grossvater. Die Sonne der Fantasie erleuchtet das Wohnzimmer, Gerüche, Stimmen, Ziegen, Gemecker erfüllen den Raum. Das gezackte Silberpapier der Kaugummis, auf denen die Zähne kräftig herum beissen, wird zu Röllchen, kleinen Vierecken, Kugeln geformt. Des Grossvaters raue Stimme, die Base, die er wieder zu Tal schickt, das kleine, schwarzlockige Mädchen, das sich in reizender Weise, um den alten, schroffen Mann bemüht, ihn an die Unschuld erinnernd, die er einst hatte, berühren Eve und Agathe. Jedes Hüsteln, Sich-Räuspern der Vorleserin wird als mögliche, höchst unerwünschte Unterbrechung angesehen. Das Ende eines Kapitels ist oft das Ende der Vorlesung, die durch Betteln der beiden Mädchen doch noch verlängert wird. Bis zum nächsten Mal, vertröstet die Mutter Eve und Agathe, die, auf Bauch oder Rücken liegend mit den Augen im Teppichmuster verweilen oder zur Decke hinauf starren, wo der prächtige alte Leuchter durch die siegreichen Sonnenstrahlen, Blitzlichter springen lässt.

Besuch bei Doktor Knuchel. Um zwei Uhr nachmittags hat Eve ihren Zahnarzttermin. Sie hat öfters Zahnweh. Sie sitzt im Wartezimmer auf einer Bank, die rund ums Zimmer gebaut ist. Es sitzen so viele Kinder darauf, dass kein Platz frei ist, nachdem Eve sich gesetzt hat. Draussen scheint eine spät sommerliche Sonne auf leicht verfärbte Bäume, deren Äste in den blassblauen Himmel ragen. Eve fürchtet sich. Wenn sich die Tür öffnet, ein Name gerufen wird, ist sie froh, noch nicht an der Reihe zu sein. So geht das ein paar Stunden. Die Angst vor der bevorstehenden Sitzung wird grösser, die Wahrscheinlichkeit behandelt zu werden, kleiner. Da spricht die Stimme in ihr: «Wenn du vor sechs Uhr nicht mehr drankommst, gehst du einfach nach Hause.» Die Tür öffnet sich, dahinter sieht Eve ein helles Fenster, sie wird geschlossen. Sie öffnet sich und wird wieder geschlossen. Ein hoher Ton alarmiert Eve, der Bohrer, den sie an diesem Nachmittag schon so viele Male gehört hat, wird erneut zur Foltermaschine, die an den Zähnen tränenverschmierter Kindergesichter herum bohrt. Eine Männerstimme redet beruhigend auf jemanden ein. Die Assistentin ist ebenfalls zu hören. Eve hat einem Knaben Vortritt gewährt. Die Zeit spricht für sie. Sie hat keine Zahnschmerzen mehr. Sie steht auf und erklärt, sie müsse nach Hause zum Abendessen. Eine Woche liegt jetzt vor ihr, eine lange Woche. Es ist nicht sicher, ob es noch einmal Montag wird.

An sonnigen, endlosen Nachmittagen spielen Eve und Agathe das, was sie beide unter Spiel verstehen, Geschichten, die nur ihnen beiden gehören. Sie verwandeln sich in Mädchen, die sie bewundern oder bedauern, leben fiktive Situationen und neue Identität. Einmal, anlässlich eines mit dem Vater besuchten Fussballmatchs Holland gegen Italien, der im weit und breit bekanntesten Stadion der Stadt ausgetragen wird, sind die Fussballer Spielvorlage für die Schwestern, wobei Eve lieber einen kräftigen, beweglichen, kleinen Italiener mimt, und ihrer Schwester die Rolle des grossen, fahrigen Holländers überlässt. Eve geniesst es, als flinker, temperamentvoller Südländer quer durchs Zimmer zu rasen und glühend-wütende Blicke in Richtung imaginärer Zuschauerreihen zu schicken. Agathe, die eigentlich besser in die Rolle des Wendigen passt, muss nun möglichst ungeschickt und tollpatschig agieren, damit Eve zufrieden ist. Irgendwann, damit doch noch ein wenig Gerechtigkeit aufkommt, werden die Rollen getauscht. Eve, die tatsächlich gross und ungelenk ist, spielt nun einen holländischen Fussballer, der ihrer Meinung nach zudem noch hässlich und rothaarig ist, ein Bleichgesicht mit hellen, faden Wimpern. Eve unterbricht plötzlich das heftige Agieren, sitzt aufs Bett und schaut zum Fenster hinaus. Eine Ostersonne leuchtet draussen. Eve beginnt zu singen, ein sentimentales Lied. Sie besingt ihre Zukunft mit Mutter und Vater, woran Agathe keinen Teil haben soll. Sie beschwört eine hässliche, einsame Geschichte, in der es um Verlassen-Werden und Allein-Lassen geht. Agathe spinnt den Faden weiter und singt in immer grösser werdender Schwermut immer neue Wendungen ihres ihr von Eve zugedachten, düsteren Schicksals, bis sie in Tränen aufgelöst ist. Eve weint mit. Wie die Sonne draussen leuchtet, wie traurig alles sein könnte. «De bini bim Muetti u du bisch allei ...»

Eves Vater leidet unter Bauchschmerzen. Sagen tut er nichts. Erst als die Schmerzen so gross sind, dass sie sich in seinem Gesicht abzeichnen, klagt er ein wenig. Die Balkontüre steht offen, ein Altweibersommer hellt mit mildem Licht den farbigen Teppich auf. Ein Arztbesuch steht an. Der Vater hat einen Tumor. Bösartig. Das verschweigt der Arzt. Er spricht von einem grossen Tumor, den er früh genug entdeckt hat, dass er ganz herausgeschnitten werden kann. Der Vater soll operiert werden. Sieht alles gut aus. Bis dahin geht er wieder arbeiten, setzt sich früh morgens auf seinen Töff, fährt ins Geschäft, ist wieder da zum Mittagessen. Auch den Nachmittag verbringt er in der Materialausgabe der Futter- und Getreidegenossenschaft. Im November wird er im Ziegler Spital operiert. Eve geht ihn mit

Mutter und Schwester besuchen. Sein Gesicht ist weiss. Er streitet mit der Mutter. Das Krankenzimmer ist voller Betten mit Kranken. Durch den novembernassen Abend gehen Eve, Agathe und die Mutter wieder nach Hause. Gelbe Blätter kleben am Boden, die Äste sind kahl und nass. Schwarz ragen sie in den dunkelgrauen Himmel. Eine Familie kreuzt ihren Weg. Der Mann schaut Eve an, interessiert. Die Mutter reagiert darauf und sagt zu Eve: «Mich hat er auch gesehen, nicht nur dich.» Eve weiss nicht, warum die Mutter das sagt, sie denkt darüber nach. Sie weiss nicht, was es bedeutet, wenn ein Mann sie länger anschaut. Sie hat das Gefühl wichtig zu sein, der Mutter fast ebenbürtig oder zumindest ernst zu nehmend.

Der Vater kommt wieder nach Hause. Er erholt sich schnell, hat wieder Appetit, isst gerne Aufschnitt und die feinen Essen der Mutter. Er bekommt einen Früchtekorb vom Büro geschenkt, mit Salami, Dosen, Teigwaren, Trauben. Eve und Agathe sind überrascht und betrachten gelüstend die Trauben, die es sonst im Winter nicht gibt. Dann im März geht es dem Vater plötzlich nicht mehr gut. Er ist oft müde, will aber trotzdem arbeiten gehen. Eve begegnet ihm einmal, er kommt ihr von der Bushaltestelle entgegen. Er läuft sehr langsam. Sein schmales Gesicht ist blass. Mit dem Fahrrad fahren sie zum Spital. Er wird untersucht. Eve sitzt draussen an der Efeumauer und liest Gottfried Keller.

Der Efeu und die alten Geschichten entrücken sie. Erst als der Vater wieder herauskommt, ist sie wieder im Alltag. Auf dem Heimweg fährt Vater langsam hinter Eve her. Sein Blick ist auf Eves Rücken gerichtet, die Augen gross und traurig. Sie sieht es, wenn sie sich nach ihm umdreht. Sie möchte ihn beschützen, ist besorgt, hilflos. Er bleibt ab da zu Hause, liegt im Bett. Manchmal steht er auf und trippelt durch die Wohnung. Er will telefonieren, starrt auf die Wählscheibe, zittrig steht er da, wie ein kleines Kind, das eben laufen gelernt hat. Eve beobachtet ihn, saugt das Bild ihres schwachen Vaters in sich und sieht es überall. In der Schule, vor dem Einschlafen, auf Ausflügen mit befreundeten Familien, die Eve mitnehmen, damit sie rauskommt.

Eve und Agathe belauschen leise Gespräche zwischen dem Onkel und der Mutter. Ende. Macht es nicht mehr lange. Sieht schlecht aus. Eve und Agathe sind bedrückt. Haben sie es richtig verstanden. Sie trauen ihren Ohren nicht mehr. Vergessen es. Spielen weiter. Der Vater erbricht sich in ein mit blauem Samt bezogenes Schmuckgefäss. Schnell entsorgt es die Mutter. Es klingelt immer wieder, Bekannte, Verwandte besuchen den Vater, der im Bett liegt. Die Tür des Krankenzimmers wird hinter ihnen geschlossen. Sie kommen, nett gekleidet, mit feuchten Augen wieder heraus. Der Vater ängstigt die Mutter und spricht von toten Menschen, die auf dem Boden neben dem Bett lägen. Er brauche ein Hemd. Ein weisses, langes Hemd. Die Mutter ist mager geworden. Sie geht eilig in der Wohnung auf und ab. Der Hausarzt klingelt. Er fragt die Mutter, ob sie wisse, welche Krankheit ihr Mann habe. Sie antwortet, er habe Gelbsucht. Der Vater wird ins Spital gebracht. Eve sieht ihn erst im Sarg wieder, inmitten starkriechender Tannenäste und Blumenkränze. Sein Mund ist violett, sein Hals leicht verdreht, seine Nasenlöcher krampfhaft offen, als wolle er noch einmal Luft schnappen. Eve weint. Agathe ist sehr still. Die Mutter und der Onkel schweigen. Der lange Beerdigungszug zieht mitten durch den Vorort. Schwarz gekleidete Reihen, die den Verkehr zum Stocken bringen. Eve steht mit Agathe und der Mutter am offenen Grab. Viele Leute schütteln ihnen die Hände. Ein regnerischer Tag Anfang Mai. Agathe weint laut, als der hellbraune Sarg in die Grube gesenkt wird.

Eve bekommt ihr eigenes Zimmer. Es ist mit erlesenen Antiquitäten möbliert. Sie schläft im Bett ihres Vaters. Über dem Kopfende hängt ein uraltes Kreuz. Ein rotes, tropfendes Herz über dem gekreuzigten Jesus. Eve betrachtet den alten, von Hand gefärbten Teppich am Boden. Sie verliert sich in Gedanken, liest Eichendorff, Tolstoi, Gogol. Sie zündet Kerzen an, spielt Schubertlieder auf der Gitarre und singt dazu. Die alten Eichen draussen vor dem Fenster passen in Eves neue, klassisch-romantische Welt. Fluchtort und Ruhepunkt. Eve ist verzaubert, lässt den grauen Alltag draussen. Sie träumt von früheren Zeiten, sehnt sich zurück in die Kindheit, studiert Familienfotos. Nachts, wenn sie nicht einschlafen kann, malt sie sich aus, wie sie im neuen hellvioletten Bikini mit Blümchenmuster an einem Wildbach sitzt, die Füsse in schwarzen Ballettschuhen auf felsigem Grund. Wohlgefällig betrachtet sie ihre Waden. Sie träumt von einem schwarzhaarigen, wilden Mann, dessen grüne Augen sie anschauen, betören, verführen. Sie befriedigt sich gierig, lüstern, endlos. Mit schlechtem Gewissen erwacht sie und malt mit Kugelschreiber einen auf die nächste Seite durchdrückenden, dunklen Punkt ins Heft ihrer Sünden.

Im abgedunkelten Physikzimmer sitzt Eve in einer der hinteren Reihen und betrachtet ihren Lehrer. Er erklärt den Schülern physikalische Phänomene. Sie sieht ihn gern, den fast kahlköpfigen Vierziger mit schwarzer Brille, hoher Stirn, langer Nase, reizvoll eingefallenen Wangen. Er ist muskulös gebaut, lächelt verführerisch, auch wenn er Eve die schlecht benotete Arbeit aufs Pult legt. Nein, das freut Eve nicht, im Gegenteil. Dazu fühlt sie sich krank, hat Kopfschmerzen. Der Lehrer schimpft über die unfähige Schülerin. Eve schaut gequält vor sich hin. Will aufstehen, sagen, wie schlecht sie sich fühlt, wie gern sie alles besser machen würde. Abends liegt sie mit hohem Fieber im Bett.

Der Lehrer steht in ihren Träumen noch immer am selben Platz im Physikzimmer und wiederholt endlos dieselben Sätze. Ein paar Wochen später spielt er am Fussballmatch Lehrer gegen Lehrer. Er trägt mittelblaue Turnhosen und ein ebensolches weites Hemd mit Aufschrift. Eve verfolgt seinen Lauf auf dem Feld, sein im Wind flatterndes Hemd, sie ist hingerissen, getragen, schwelgerisch, sehnsüchtig. Morgens, wenn sie aufsteht, die Store hochzieht, und aus dem Fenster schaut, denkt sie voller Inbrunst an ihren Lehrer und summt dazu ein melancholisches, französisches Lied: «L'oiselet a quitté sa branche et voltige par le monde.» Die weiche Melodie, die frühlingshaften Farben, der helle, leuchtende Morgenhimmel und die brennende Sehnsucht nach dem Lehrer werden zu einem umfassenden Gefühl, einer Stimmung, die sich einprägt. Zum ersten Mal ist sie leidenschaftlich verliebt.

Die alte Lehrerin (Fräulein Marti) sitzt am Fenster der Fortbildungsschule für Mädchen. Ihre geschwungene Nase, die edlen Züge wirken herb und männlich. Ihre Haare sind grau, fein und stehen in die Höhe, was kühn und doch angepasst wirkt. Ihr Körper ist schlank, muskulös. Sie trägt wadenlange, anliegende Röcke. Eve hat einen Aufsatz zurückbekommen, der ihr grosse Mühe bereitet hat. Sie sollte das Klassenzimmer beschreiben, so genau wie möglich. All die Pulte, Wände, Fenster, Sonnenstoren, Radiatoren,

Farben, Grössen, Formen. Sie schaut auf die roten Korrekturen und beginnt mit den Verbesserungen. Der dreiseitige Aufsatz schrumpft auf anderthalb Seiten zusammen, ist etwas anschaulicher und genauer, mehr nicht. Später schreibt Eve einen Aufsatz über ein Gewitter. Sie darf ihn vorlesen. Bekommt begeisterte Rückmeldungen. Das Eis zwischen der Lehrerin und Eve ist gebrochen. Eve verliebt sich in die alte Frau und wird rot, wenn sie ihr in den Schulhausgängen begegnet. In den Deutschstunden beobachtet sie, wie die Lehrerin dasitzt, manchmal sogar leicht träumerisch zum Fenster hinausschaut, während die Schülerinnen an ihren Arbeiten schreiben.

In den Fächern Haushalt und Handarbeiten vergehen die Stunden langsam. Eve sitzt an der Nähmaschine, es gilt die krumme Naht am Kinderkleidchen aufzutrennen. Übungsblätter mit Linien, Zacken, Kreisen werden verteilt. Eve hat sich vertan. Sie ist bemüht, zu sehen, welches der nächste Schritt wäre. Sie schielt zur Nachbarin, die triumphierend etwas Fertiges hochhält. Eve sitzt lange Minuten über dem hübschen Stoff. Er fühlt sich abgegriffen an. Das Anbringen eines Kragens ist eine Höchstleistung, Eve hinkt hinterher, schaut auf die Uhr, hofft auf das Schrillen der Pausenglocke. In der nächsten Stunde wird sie das halbfertige Kleidchen anschauen, die Nachbarin mit Fragen löchern, mit Schweissausbrüchen auf die Bemerkung der

Lehrerin reagieren und erstaunt feststellen, dass sie im Laufe des Halbjahres nicht mehr wahrgenommen wird. Hors concours. Für all die Mühe, Qualen, Nöte gibt's nur ein «Nicht genügend». Aus und vorbei ist der Nähunterricht. Sie fühlt sich befreit und verschenkt das endlich fertig genähte Kleidchen an das nächstbeste Kleinkind.

Die Mutter redet auf Eve ein. Schon seit Längerem versucht sie Eve vom Buchhändlerberuf zu überzeugen. Eve weiss nicht, was sie will, doch ein Vorstellungsgespräch im bekanntesten Laden der Stadt ist schon abgemacht. Sie macht sich widerwillig zurecht. Sie findet sich zu dick in ihrem wadenlangen, weiten Rock. Weiss-beige Karos auf sahnigem Wollstoff mit einem Gürtel, den vier kleine, schwarze, kugelrunde Knöpfe verzieren. Die Brüste sind eingepresst in ein unelastisches Oberteil mit kurzen Ärmeln. Die Mutter trägt ein anliegendes, grün-violettes Kleid, das ihrer Figur schmeichelt. Eine Wendeltreppe führt in das vornehm ausgestattete Büro des Chefs, der hinter einem dunklen Pult aus Massivholz sitzt. Neben ihm eine intellektuell wirkende, sinnliche Frau mittleren Alters, die Eve und ihre Mutter mit lebhaftem Interesse mustert und die Mundwinkel ganz leicht nach unten zieht. Der Chef schaut erst lange auf ein Blatt, das vor ihm liegt, hebt dann gravitätisch den Kopf und beginnt gleich zu reden. Über das Wetter, den schwindenden Sommer, die Unterlagen von Eve. «Sie interessieren sich also für diese Lehre?» Eve beginnt sich zu erklären, ein Satz mit vielen Nebensätzen, die zu keinem intelligenten Ende kommen und in einem hilflosen Blick zu ihrer Mutter und der lächelnden Frau gipfelt. Ihre Mutter hilft ihr aus der Patsche. Sie schildert Eve als eine lesefreudige, neugierige, zuverlässige junge Frau, die erstaunlich reif sei für ihr Alter. Der fragende Blick des Chefs, das Funkeln seiner Brillengläser, das charmante, beinah gurgelnde Lachen der Frau ermuntern die Mutter. Witzig, spontan und geistreich entwirft sie ein sympathisches Bild von Eve, die zusehends lockerer wird, ins allgemeine Lachen einstimmt und auf dem braunen Ledersitz ihres Stuhls herumrutscht. Wie lustig ihre Mutter sein kann, wie unschlagbar lebhaft. Auf der Fahrt zurück nach Hause betrachtet sie ihre Mutter, ihr klares, helles Gesicht mit den schillernden Augen, die von blau, grau zu grün wechseln. Zart, zerbrechlich sieht sie jetzt aus, als käme sie aus einer anderen Welt. «Eve, du bekommst die Lehrstelle», posaunt die Mutter in den fast leeren Bus hinaus.

Ihr neuer Arbeitsort ist ein langgezogener Buchladen in einer der ältesten Gassen der Stadt. Ganz hinten befindet sich das Pult des Ladenchefs. Herr Schmid steckt in einem grau-melierten Anzug, einem knopfreichen, dazu passenden Gilet und blauem Hemd mit steifem Kragen. Wenn Eves Augen vom letzten Hemdsknopf den Hals hinauf gleiten, entdeckt sie ein ovales, angespanntes Gesicht mit roten Wangen, verbissenen, schmalen Lippen, blauen, forschen Augen. Wenn er spricht, ist es, als sprängen sich drängende Klangkörper aus dem Rachen eines unglücklich Getriebenen. Betritt Kundschaft den Laden, steht er ruckartig auf, ein dienstbarer Offizier mit immer demselben starren Lächeln im Gesicht. Ganz hinten links befindet sich ein kleiner Raum, in dem acht Angestellte sitzen, Bücher auszeichnen, Rechnungen schreiben, Rücksendungen vorbereiten. Die Hämmerchen der Schreibmaschinen trommeln in ungleichem Rhythmus, von den an beiden Seitenwänden aufgestellten grauen Metallpulten her. Eve sitzt neben der Abteilungschefin, einer burschikosen Deutschen mit kurzem Haarschnitt und dunkler Stimme. Was sie zu tun hat, erklärt ihr das Fräulein entschieden und mahnend, alles in der richtigen Reihenfolge zu tun, das Auspacken der Bücher, das Kontrollieren, ob das Buch unversehrt ist, den Preis und das Datum, das sie mit Bleistift an den rechten, oberen Rand der allerersten Seite schreiben soll. Kurzes Stöbern in den Texten interessanter, wichtiger Bücher sei erlaubt, doch das Lesen habe daheim zu erfolgen. Eve bewundert die energische Deutsche, die sie zuweilen lobt für ihren Fleiss und träumerische Absenzen verzeiht.

Der andere Lehrling heisst Fritz. Ein blondlockiger, grosser, schmächtiger, junger Mann. Sein Gesicht ist schmal, weich, wirkt zerbrechlich. Seine dunkelbraunen Augen leuchten. Wenn er geht, berührt er den Boden kaum, bewegt sich traumwandlerisch und setzt sich mit Schwung auf den ihm angewiesenen Drehstuhl. Lange sitzt er da, ohne etwas zu tun, schaut nachdenklich vor sich hin. Das Fräulein weckt ihn mit kräftigem Ton in der Stimme, ob er begriffen habe, welche Arbeit er erledigen solle, ob er noch Fragen habe. Diensteifrig antwortet Fritz, dass er es wohl wisse und gleich beginne. Eine Frage habe er, ob das Auszeichnen des Buches rechts oder links oben zu erfolgen habe. Die Chefin rollt die Augen und schaut die Mitarbeiterinnen stutzig an. Sie habe ihm bereits dreimal erklärt wo und wie. Doch Fritz ist schon eifrig am Auspacken, spitzt den Bleistift, zeichnet ein Buch aus, dann das zweite, da stockt er wieder in seiner Tätigkeit, blättert, wird sehr still, nur seine Augen bewegen sich aufmerksam von Zeile zu Zeile. Sie lösen sich auf in Gedanken, Bilder, Landschaften, Leben. «Fritz, wo sind Sie?» Er erschrickt, setzt sich aufrecht hin, kichert jungenhaft, entschuldigt sich wortreich, beteuert, nun endlich loszulegen, verschwindet auf die Toilette, die sich gegenüber befindet, nach Blüten duftend, kehrt er zurück. Eve mag den jungen Mann, den sie oft beobachtet. Einmal erzählt ihr Fritz, wie er einen Engel auf der Allmend gesehen habe, eine griechische Göttin, er sei auf die Knie gesunken, das Licht um die Erscheinung habe ihn geblendet, er habe sich zur Erde gebeugt, atemlos, in Bann geschlagen. Als er es endlich gewagt habe, aufzuschauen, habe er ins Leere geblickt. Seine Stimme singt, überschlägt sich, halb schluchzend hält er inne, aufgewühlt. Eve sieht alles vor sich und kehrt mit Fritz zusammen langsam wieder in das enge Hinterzimmer zurück, wo Bücherstapel darauf warten, ausgepackt, ausgezeichnet und für das Verschicken bereit gemacht zu werden. Oft verschwindet Fritz in die Toilette, dort hat er seine Ruhe. Auch Eve geniesst es dorthin zu gehen, wo sie entspannt auf dem Toilettenring sitzt, ihr Geschäft erledigt, sich im Spiegel betrachtet, die Hände waschend, abtrocknend wenige Minuten ganz für sich hat.

Ein sehr dünner Lehrling namens Max ist im dritten Lehrjahr. Ein junger Mann mit grossen, wässrigen Augen, vollen roten Lippen, einer langen Nase, die am Spitz rundlich wird. Wenn sie Fragen hat, wendet sich Eve oft an ihn. Er gibt übertrieben freundlich Auskunft, wird aber schnell ungeduldig, schleudert die Arme herum, rollt die Augen, entfernt sich nervös, obwohl Eve nicht alles begriffen hat. Das liegt daran, weil Max die Sätze abkürzt und oft nur zwei Worte ausspricht, der Rest soll gefälligst ergänzt werden. Eve ängstigt sich ein wenig vor Max, seinem rasanten Tempo, der Art, wie er den Kopf schüttelt, wenn Eve nicht mitkommt. Sie sieht ihn nicht ungern, ist verwirrt in seiner Nähe, wird rot, wenn sie ihm zufällig begegnet. Nach seinem

Lehrabschluss kehrt Max in seine Heimatstadt zurück und eröffnet einen Buchladen. Als Eve ihn Jahre später wieder sieht, kennt sie ihn kaum. Er ist viermal dicker geworden. Das Gesicht gross, breit, aufgequollen. Eine Masse Mensch, dem sie verlegen mitteilt, sie sei überrascht über seine Verwandlung. Max gibt ihr ruhig Antwort. Wie sehr er gelitten habe, er habe eine ganz bestimmte Krankheit, die nur medikamentös behandelt werden könne mit dem Resultat der Wasseransammlung im Leib. Ihm sei es lieber so als wie vorher. Er plaudert gemütlich, sich Zeit nehmend, herzlich mit Eve. Keine Spur der früheren Arroganz, bescheiden, freundlich, lächelnd. Eve verabschiedet sich von ihm, erstaunt, verblüfft schaut sie ihm nach, als er den Laden, sich von allen verabschiedend, verlässt.

Eve isst gern und viel. Samstags gibt es Apfelstrudel mit Weinbeeren. Eve schlingt ihn genüsslich hinunter, kostet mit der Zunge den feinen Geschmack, die Zutaten, wollüstig, nimmersatt vergisst sie alles um sich her. Die Mutter sitzt schon im grossen, alten Fauteuil, raucht eine Zigarette und schaut dem Rauch nach zum Fenster hinaus. Eves schlechtes Gewissen, das ziemlich bald nach dem Essen einsetzt, ist hartnäckig und plagt sie. Sie probiert Hosen, die fast aus den Nähten platzen, wenn sie den Reissverschluss des Hosenladens hochzieht. Ist es wirklich so, oder täuscht sie sich, war es letztes Mal nicht genau so, oder sind sie doch eine Spur enger geworden. Der Jupe, den sie mit zwölf Jahren geschenkt bekam, ist der untrüglichste Gradmesser fürs Zunehmen. Spannt er über dem Bauch, ist die Sache beklemmend klar. Eve sitzt zur Mutter, fragt sie, ob sie finde, sie sei zu dick. Die Mutter lacht, was Eve aufregt. «Du hast dieselben Probleme, wie ich sie in deinem Alter hatte. Vollschlank bist du, nicht dick. Wohl proportioniert. Fraulich.» Eve badet in den Worten der Mutter. Sie lindern die Qual der Selbstvorwürfe. Barocke Baumkronen in frischem Grün prangen draussen, Blumen spriessen, Büsche wuchern vor sich hin. Eve begibt sich auf den Balkon, brütet, empfindet sich als Riesenweib, das ebenso aufblüht, wie die Natur draussen, sie sieht sich weissfleischig auf der Erde sitzen, eins werden mit dem Gras, den Blumen, in einem endlosen *Déjeuner sur l'herbe* auf die Wiese hingegossen, umspielt von Debussys *Prélude à l'après-midi d'un faune.*

Eve ist fasziniert von einem dicken, grünen, leinengebundenen Buch, in dem ihre Mutter immer wieder liest. Es handelt von Parapsychologie und Magie. Wenn sie sich einsam fühlt, das Leben unergründlich, schwer und rätselhaft empfindet, sich selbst nicht annehmen kann, an sich zweifelt, unsicher ist, schlägt sie das Buch auf und liest immer wieder die gleichen Kapitel durch. Sie betrachtet Fotos von Medien, die Geister und Tote heraufbeschwören, deren Gestalten, Gesichter, im weissen Plasmanebel aus ihren

Mündern steigt. Eve starrt auf die Erscheinungen und fühlt sich in die Medien ein, gewöhnlich wirkende Frauen mittleren Alters, die zur Fülle neigen. Ihre Augen wirken abwesend, in sich gekehrt, unheimlich. Eve zweifelt nicht an der Echtheit der Fotografien, sie glaubt fest, alles spiele sich ab, wie es auf dem Bild zu sehen sei. Wenn sie die Mutter befragt, bekommt sie unklare Antworten und ausweichende Erklärungen. Die Mutter wirkt undurchsichtig, lächelt halb, ihre Augen sind grüne, schillernde Weiher, in denen Eve nichts als die Spiegelung der Bäume draussen sieht. Wenn Eve schlaflos im Bett liegt, die Tür ihres Zimmers öffnet, um auf die Toilette zu gehen, hat sie grosse Angst. In der dunklen, stillen Wohnung sitzen unstoffliche Wesen, die aus den menschenleeren Zimmern auf Eve starren, sie beobachten, bedrängen. Sie wagt nicht in die geballte Dunkelheit zu schauen, da sie fürchtet, etwas mache sich sichtbar, wovor sie entsetzt zurückweichen würde. Dennoch schliesst sie die Toilettentür nicht ab und pinkelt vor sich hin, den Kopf gesenkt im Bewusstsein der Geister, die dicht gedrängt auf Stühlen sitzen oder an den Türen stehen. Eves Herz schlägt unregelmässig, sie ist am ganzen Körper angespannt, nervös, fluchtbereit. Sehnsüchtig schaut sie vom Gang her auf das weiche Nachttischlampenlicht, das beruhigend aus ihrem Zimmer leuchtet. Drei Schritte noch, dann hat sie die Türklinke in der Hand, schliesst die Tür mit Nachdruck und legt sich steif in ihr Bett.

In der Buchhändlerschule ist Eve die Zweitschönste. Das sagt ihre Freundin jedenfalls, obwohl sie eigentlich die Schönste sei für sie, doch allgemein betrachtet sei sie wohl die Zweitschönste. In der Klasse sind 25 junge Frauen und zwei Männer. Die Schönste ist gross, hat lange braune Haare, grosse, hellblaue Augen, ein rundes Gesicht und rosa Wangen. Sie sieht immer genau gleich aus, lächelt ironisch und wirkt sehr kühl. Eve betrachtet sie nicht ungern, ihre Nähe sucht sie nicht. Eves Freundin ist schüchtern, gehemmt, hinkt, weil ihr linkes Bein kürzer als das rechte ist. Sie hat einen versonnenen Blick und versteckten Humor. Sie lacht oft über Eves Bemerkungen, bewundert sie, und lädt sie zu sich nach Hause ein. Sie büffeln zusammen für die Abschlussprüfung. Brigitte sitzt auf dem Bett und sagt zu Eve, sie glaube, dass bald ein Prinz komme und Eve in seine Arme nehme. Dann lacht sie und meint, Eve sei eben eine Prinzessin, das wisse sie und für sie werde alles ein bisschen anders sein im Leben. Dann nimmt sie die Brille ab und putzt sie. Eve fühlt sich geschmeichelt durch die schwärmerische Art Brigittes, sie sieht ein Schloss vor sich, alt, verträumt, einsam und wie sie da ein und aus geht. Der Prinz ist ohne Konturen einfach Prinz, das aber ganz sicher. Brigittes schüchtern verlorener Blick holt sie zurück, zum Lehrstoff, Dichter des Barock, die sie einander abfragen und aufschreien, wenn sie etwas nicht wissen. Die Prüfung sitzt ihnen im Nacken. Brigitte seufzt, als sie sich verabschiedet.

Ihre dunklen Augen blicken bang und zweifelnd, sie wisse nicht, ob sie den Lehrstoff in ihren Kopf reinbringe bis zum entscheidenden Tag, sie wisse es nicht. Dann schweigt sie lange, lächelt breit zum Abschied, harmlos und ehrlich wirkt sie, das berührt Eve so, dass sie verlegen lacht und Brigitte ungeschickt umarmt. Viel später erinnert sie sich an die Freundin und ruft sie an. Inmitten vieler Kinder sitzt diese nun mit einem schwierigen Mann, der keinen Ausweg mehr weiss und sich das Leben nehmen wollte. Doch sie habe es noch einmal hingekriegt mit ihm. «Und du bist doch längst in Paris?» Irgendwo in einer Weltstadt im Ensemble eines bekannten Theaters. Abgeschwirrt, herumfliegend, flirrend, glitzernd. Sie sehe es direkt vor sich. Doch Eve erzählt vom harten, aber freien Leben, das sie mit einem charismatischen Künstler teile. «Sicher ein Prinz», meint Brigitte lachend. «In einem Luftschloss», ergänzt Eve.

Nach bestandener Prüfung schenkt Eve sich eine Flasche Gewürzwein aus einem kleinen, nach Obst und Kräuter riechenden Laden der Altstadt. Dunkelgraue Wolken hängen über der Stadt und kontrastieren reizvoll mit dem kräftigen Rot des Flascheninhalts. Zu Hause schenkt Eve sich ein Glas ein. Sie schaut zu den neu erbauten Terrassen Häusern hinüber, die an Stelle der riesigen Bäume stehen, der prächtigen Allee, die noch vor kurzem schattenspendend zum Herrenhaus dahinter führte. Eve bedauert das

Verschwinden der Bäume, nippt am Glas und lässt den intensiven Nelkengeschmack des Weines breit über die Zunge fliessen. Sie sieht noch die Brennnesselbüsche vor sich, die auf der leicht ansteigenden Wiese des Grashanges neben der Allee wuchsen und wie sie glaubte, von Elfen und Trollen bewohnt waren. Die neuen Häuser sind kahl, junge, dünne Bäumchen stehen davor, frisch eingepflanzt, eine grüne Hoffnung wert. Eve schlürft Wein, den sie sich selbst verschrieben hat, gehaltvoll ist er, viel besser als Hustensirup. Sie schaut zu den grossen Fensterrechtecken hinüber, eine schwarze Frau in hellblauem, langem Gewand steigt die Treppe hinauf. Sie wohnt im mittleren Haus unten. Die Mutter fühlt sich nun ständig beobachtet von den Nachbarn drüben, manchmal lässt sie die rot-weiss gestreifte Sonnenstore hinunter, um sich freier zu fühlen. Im Wahn, von Spionen umgeben zu sein, wird sie Jahre später nur noch im Dunkeln hausen.

Aqua heisst der farbige Student an der Puppenspielschule in Deutschland, die Eve seit zwei Monaten besucht. Er kommt aus dem Kongo, ist schlank, sehr muskulös. Er spricht mit hoher und doch kehliger Stimme. Im Schnitzkurs ist er eifrig dabei, den Leiter der Schule, einen achtzigjährigen, weisshaarigen Greis mit einer Kasperlenase und eingestanztem Dauergrinsen, als Marionette zu schnitzen. Jeden Tag bemüht er sich, grossmöglichste Ähnlichkeit mit seiner lebendigen Vorlage aus dem Holzblock heraus zu arbeiten. Dabei schnitzt er präzise und eines Tages hängt in der Werkstatt das Ebenbild des Schulleiters an einem Nagel an der Wand. Das Gesicht wirkt bedrohlich tot, obwohl alles an ihm originalgetreu vorhanden ist. Die Nase, die Augen, die Lippen, Wangen, Grübchen, Brauen, ja sogar das Grinsen sind identisch und doch hängt eine hölzerne, kleine Leiche an der Wand. Sie wird von den Studierenden bestaunt, überschwänglich gelobt und Aquas dunkle Augen glänzen wie Kirschen. Einen Monat später streiken die Gastdozenten, die Schule muss schliessen und Aqua ist ausser sich. Eve ist enttäuscht, dass sie ihre Ausbildung nicht weiterführen kann, doch ist sie froh, nicht mehr im Büro des Greises herumsitzen zu müssen, der die Lektionen mit endlosen Anekdoten aus seinem Leben füllt und sich als Hahn im Korb fühlt. Die meisten Studierenden sind junge Frauen und eben Aqua. Viele reisen ab, nur Eve und Aqua sind noch ein paar Tage da. Aqua gibt Eve zu verstehen, dass sie schön gewachsen sei, er grinst breit, als er das sagt. Eve will Aqua nicht gefallen. Ausserdem findet sie sich zu dick und schämt sich ihrer Rundungen. Doch genau die gefallen Aqua ausnehmend. Er scherzt mit Eve, jammert über den Zustand der Schule, dass er jetzt nirgendwo mehr eine Bleibe habe. Eves reserviertes Verhalten deutet er ganz richtig als Absage. Er beginnt zu diskutieren. Er sei kein Tier. Er sei ein Mensch. Ob Eve das sehe. Sie glaube bestimmt, er sei ein Tier, er, Aqua, sei aber kein Tier. Er sei kein Tier. Eve versucht ihn zu beruhigen, doch es gelingt ihr nicht. Aqua verfolgt sie überall hin und will sie überzeugen von seinem Menschsein. Sie nickt nur noch, meidet ihn, reist am nächsten Tag ab, fährt nach Hause zu Mutter und Schwester. Eine Woche später erhält sie einen Brief, ihr Name und die Adresse füllen den ganzen Umschlag. Sie zieht einen zerknitterten Zettel heraus auf dem mit unbeholfenen, krakeligen Grossbuchstaben steht: «Ich Aqua – ich Mensch – nicht Tier. Kuraths.»

Eve reist im Herbst in eine grössere Schweizer Stadt. Sie sucht eine Stelle als Buchhändlerin und möchte Schauspielunterricht nehmen. Seit sie auf einem Kindertheaterfestival Stücke sah, die sie mitrissen, ist sie inspiriert. Sie wohnt in einem Zimmer, das von der Kirche aus an ledige, junge Frauen vermietet wird. Es befindet sich in einer Altwohnung mit vielen Türen. Die Tür zum Sekretariat ist abgeriegelt und Eve hört die alte Sekretärin telefonieren, auf der Schreibmaschine tippen. Oft empfängt sie Besucher, die ein Anliegen haben. Eve hört alles nur undeutlich, ausser wenn laut gesprochen wird. Das Zimmer ist klein, länger als breit. Durch ein grosses, altes Fenster sieht sie ins Gebüsch des Vorgartens. Im ersten Stock des Hauses befindet sich eine Küche, die sie mit einer Italienerin teilt, eine korpulente, direktive Südländerin, die auf ihren

Kochzeiten besteht und ausgiebige Essen für ihren Freund zubereitet. Eve betritt danach die saubere Küche, die nur noch entfernt nach Essen riecht, ein Geruch nach kaltem Fett, nassem Holz, Seife hängt in der Luft. Eve fühlt sich nicht wohl in der leeren Küche und schneidet lustlos Zwiebeln, lässt Teigwaren in Salzwasser gleiten. Sie scheut sich, Schmutz zu verursachen, ist nie lange dort. Abends, wenn es im Büro still wird, niemand mehr im Haus ist, tanzt sie im schlauchartigen, engen Zimmer zum *Herbst* von Vivaldi, legt sich, während es draussen dämmert, stark atmend auf das Bett, elastisch-weiche, sehr süsse Bonbons genüsslich zerkauend. Sie fühlt eine unbändige Kraft, etwas Wildes, Freiheit Suchendes in sich, überlässt sich ihren Gedanken, Einfällen, die strudelnd über sie herfallen.

Eines Abends betritt sie einen kleinen Buchladen, mit vielen Büchern bis an die Decke, bemerkt eine Holzleiter, auf der ein weisshaariger, alter Mann steht und Bücher ein ordnet. Das Licht wurde schon eingeschaltet und Eve entdeckt weiter hinten eine alte Frau hinter einem Pult, die sofort beflissen aufsteht und nach ihren Wünschen fragt. Eve ist hingerissen vom Charme des Ladens und der Inhaber. Bringt schnell vor, dass sie eine Stelle suche, halbtags. Die alte Frau lächelt fein und fragt Eve aus. Ihr Abgangszeugnis hat Eve immer dabei und auch einen Bericht ihres Lehrmeisters, der einen Namen hat und sehr geschätzt wird.

Inzwischen ist der alte Mann hinzugetreten. Ein freundliches Gespräch gipfelt darin, dass Eve null Komma plötzlich angestellt ist und den Laden in gehobener Stimmung verlässt. Am nächsten Nachmittag darf sie beginnen. Sie fühlt sich wohl mit den beiden Alten, kultiviert und feinsinnig führen sie Eve in die Arbeit ein. Es gibt keine Missstimmungen, ist gemütlich und Eve gewöhnt sich bald an die angenehme Beschäftigung. Nach zwei Monaten allerdings wird ihr ohne Umschweife gesagt, dass der Laden geschlossen werde aus Altersgründen.

Das Schauspielinstitut eines alten Komödianten, der in einschlägigen Restaurants dreimal das Menü bestellt und bis zur letzten Krume aufisst, einen unheimlich wachsenden Bauch herumträgt, ist die nächste Adresse Eves, die zielstrebig eine Ausbildungsstätte für sich sucht. Dort gibt es Abendkurse, nach einer Prüfzeit, Tagesschule, die bis zum Diplom besucht werden kann. Der Italiener empfängt sie in einem grossen Saal einer herunter gekommenen Villa, die einmal prächtig war und noch abgewetzten Charme vergangener Pracht ausstrahlt. Er liegt auf einem Sofa, seine Wangen schwabbeln, wenn er spricht, Parfum überdeckt seine grundnatürliche Ausdünstung, die im ganzen Raum hängt. Eve muss nicht vorsprechen, darf ab sofort die Abendkurse besuchen. Am Tag arbeitet sie als Sekretärin in einer bekannten Firma, die sie nach einer Woche wieder entlässt. Eve starrt auf die Kündigung, die ihr eines Abends vom Postboten übergeben wird. Danach findet sie Arbeit im Büro einer Fabrik, die auf kiesigem Baugelände steht. Dort besteht ihre Aufgabe vor allem darin, Briefe alphabetisch in Mappen zu versorgen. Sie macht Flüchtigkeitsfehler, die der milde Chef augenzwinkernd durchgehen lässt. Nachmittags lernt sie Texte auswendig von empfohlenen Rollen, die für sie besonders passen. Die Schauspiellehrerin ist kräftig gebaut, glubschäugig, mit sonorer, wohltönender Stimme, die sie variationsreich einsetzt für Aufmunterung, Lob, bissige Kritik und vernichtende Schelte. Eve spielt die Jeanne d'Arc, angespornt von der Lehrerin, die begeistert ist. Eve will nun unbedingt in die Tagesschule, beharrt ungeduldig nach drei Wochen Abendkurs auf ihrem Willen. Doch die Lehrerin will es keinem leicht machen, sträubt sich plötzlich und nimmt Eve dann doch auf. Die Lektionen werden immer strenger abgehalten. Eve fühlt sich nicht mehr gut. Sie wird ausgelacht als sie den Puck des Sommernachttraums spielt. Die bittere Niederlage wird noch dadurch verschärft, dass sie einer anderen Schülerin bei deren stimmig lustiger Vorführung derselben Rolle zuschauen soll. Eve verkrampft sich immer mehr, wenn sie spielt, es gelingt ihr nicht, sich selbst zu vergessen, steht immer nur noch als Eve auf der Bühne. Die Lehrerin grinst schadenfreudig. Eve schwänzt den Unterricht, geht schliesslich gar nicht mehr hin, begegnet der Frau auf der Strasse, warum sie nicht mehr komme, fragt diese und mustert Eve herausfordernd. Eve wechselt die Strassenseite, betrachtet ihre Lehrerin ungnädig: Eine hässliche, eingebildete, sadistische, dicke Frau auf Vogelbeinen, die in mässigen Boulevard-Stücken alte Tanten spielen darf.

Mit ihrer Freundin erkundet Eve die Stadt, sitzt in uriger Kneipe mit altem Eisenofen in der Mitte des Raumes, wo sich an kalten Tagen die Hereinkommenden die Hände aufwärmen und im Raum herumschauen. Arbeiter, Studenten, Künstler, Philosophen, Originale sitzen an den langen Tischen, essen nahrhafte Gerichte und trinken dunkelroten Wein. Eines Abends sitzen die Freundinnen am hintersten Tisch, kichern jungmädchenhaft, anziehende, männliche Gesichter mit scheuen Blicken streifend. Es sind viele da, die ihnen gefallen. Ein sehr hübscher, kräftiger junger Mann setzt sich zu ihnen, seine grossen, blauen Augen leuchten und üppig dunkle Locken umrahmen sein Gesicht. Ob es genehm sei, fragt er, man wisse ja nie, es könnte ja sein, dass sie für sich sein wollen, was sie lebhaft verneinen. Ein grosser, magerer junger Mann, wahrscheinlich ein guter Bekannter oder Freund, setzt sich ans Tischende. Er schaut Eve in die Augen. Sie ist betroffen. Sie ist wie gebannt. Kann nicht mehr wegsehen. Es ist, als würde er sie mit seinen braunen, sanften Augen streicheln. Sein schmales, feines, ursprüngliches Gesicht, ist eine Insel, die alles in sich hat, was Eves Inbrunst ersehnt. Auch er schaut hypnotisiert in Eves Gesicht, kann sich den ganzen Abend nicht mehr davon lösen. Es wird geplaudert, Nebengeräusche auf dem Hauptschauplatz der immer stärkeren Gefühle, die sie für einander empfinden. Die Sperrstunde wird ausgerufen. Sie erheben sich alle. Eve ist benommen. Verabschiedet sich in der Gewissheit, den jungen Mann bald wieder zu sehen, mit ihm zu sprechen, das wunderbare Zusammentreffen als Anfang einer schicksalshaften Liebe annehmend.

Eve ist sich sicher, dass sich die Begegnung mit dem unbekannten, jungen Mann wiederhole. In ihrem Zimmer im Töchternheim, erinnert sie sich immer wieder daran, wie sie ihn pausenlos angeschaut hat, vertieft in seine Augen. Die Innigkeit und Hingabe in seinem Blick bleiben ihr als kostbares Andenken, sind Ansporn zu neuer Begegnung. Sie kauft sich süsse, kaugummiartige Bonbons am Kiosk. Läuft über den Kies zum Büro, das in einem Siebzigerjahr-Block untergebracht ist. Akten ablegend bis in den späten Nachmittag. Hellgraues Vorfrühlingswetter, trocken und kühl. Sie wagt es nicht, am nächsten Abend wieder dort zu sein. Klopfenden Herzens, getrieben von Sehnsucht und Verliebtheit, steht sie vor dem Gasthaus, zögernd tritt sie ein. Sie sitzt an einen der uralten Tische und bestellt nahrhaftes Essen. Jedes Mal, wenn die Tür sich öffnet und der schwere Vorhang auf die Seite geschoben wird, erschrickt sie und schaut neugierig zum Eingetretenen. Er ist nicht da und auch die folgenden Abende, wenn Eve gespannt und voller Erwartung dasitzt, kommt er nicht herein. Sie geniesst das urtümliche, gesellige Leben in der Kneipe, Essen und Trinken, die schrägen Gestalten, mit wilden Haaren, deren Spässe und Einfälle sie zum Lachen bringen. Ein rotgesichtiger Kerl erzählt von einem Fingerzirkus, ein trinkkräftiger Maler lädt sie in sein Atelier ein. Seine Akte und Bilder stehen überall am Boden, hängen an den Wänden. Ein grelles Neonlicht bleicht die Intensität der Farben. Viel weisser Schmutz am Boden wirbelt Staub auf, beim Abschreiten der Räume. Eve muss unbedingt aufs Klo. Der Maler sagt, es sei keines da. Eve setzt sich auf den Waschbrünnchen-Rand und pisst in den grauen, beklecksten Schüttstein, nachdem er sie dazu aufgefordert hat. Alles ist natürlich, selbstverständlich. Er pisse immer da rein, seit das Klo kaputt sei. Eve benimmt sich ungezwungen wie ein Kind, das den launigen Onkel besucht. Dann geht sie durch die Nacht zurück in ihr Zimmer, sehnt sich nach dem Fremden, der sie mit den Augen gestreichelt hat.

Einmal am Mittag, als die grosse Fasnacht beginnt und die Pauken Eve bis ins Innerste erschüttern und in Trance versetzen, sitzt sie vor einem leeren Suppenteller, betrachtet eine abgelegte Maske mit Stupsnase und grossen, blauen Augen, rosa Wangen, die auf der Fensterbank liegt und in den Himmel hinaufblickt. Als sie sich abwendet und zum Ofen in der Mitte schaut, steht er da. Sie erschrickt, wird blass und wie gelähmt. Er schaut sie an, schaut weg, schaut nicht mehr zu ihr hin. Er setzt sich an einen fast vollbesetzten Tisch, auf der gegenüberliegenden Seite und bestellt etwas. Eve schaut immer wieder zu ihm hinüber, wenn er nicht zu ihr schaut. Einmal treffen sich ihre Blicke. Doch keiner bewegt sich auf den anderen zu. Eve versteckt ihre Gefühle, sie spielt die Unempfindliche, Gleichmütige. Dann steht er auf und geht. Das ist eigenartig. Doch Eve ist berührt, sehnsüchtig und voller Hitze. Ein wenig benommen, verwirrt sitzt sie da. Maskierte Gestalten vor den Fenstern, Pauken dröhnen. Alles läuft ohne sie ab, sie hat sich als Akteurin abgemeldet. Sie sitzt noch ein wenig am Tisch, zahlt dann und nimmt sich vor, am nächsten Tag wieder zu kommen.

Im schweren Pelzmantel der Mutter, die Haare zum Knoten aufgesteckt, läuft sie durch die Stadt, wandert durch die wilden Wälder der Umgebung, spricht Texte aus Theaterstücken vor sich hin, malt sich Märchen aus und schreibt sie auf. Erfindet Sagengestalten, die sich lächerlich machen. Männer, die in der Nacht zur Auserwählten trotten, die ihren linken Schuh versteckt, sie auslacht und vor die Tür setzt, wie lustig, wenn sie zurückhumpeln. Sie sitzt in der Kneipe, erwartungsvoll, gespannt. Meistens sitzt sie allein da, versucht Stärke zu bewahren. Wenn ihr Angebeteter hereinkommt, gibt sie sich distanziert, als sei er ihr gleichgültig. Sie kontrolliert ihn dennoch, beobachtet ihn aus den Augenwinkeln. Es schmerzt sie, wenn er aufsteht und geht.

Die Mutter hat Au-pair-Stellen und Schulen in England und Frankreich für sie und ihre Schwester gebucht. Doch erst will sie die Aufnahmeprüfung für die staatliche Schauspielschule machen. Obwohl sie sich ein Treffen mit dem jungen Mann, in den sie leidenschaftlich verliebt ist, ersehnt, findet es nicht statt. Sie lernt Rollenausschnitte, übt und begibt sich naiv und überzeugt zur Prüfung, die im Keller des Musik-Konservatoriums ihrer Heimatstadt abgehalten wird. Im Scheinwerferlicht springt sie von einer Figur in die andere. Ja, meint die Jury. Sie habe Begabung, das sei unbestritten. Wohl nicht für eine grosse Karriere, doch ausreichend. Deshalb solle sie nach dem Auslandjahr noch einmal zur Prüfung antreten. Talent sei da. Und sie will. Sie ist fest davon überzeugt, und auch beruhigt, den richtigen Ort für ihre weitere Ausbildung gefunden zu haben. Die Welt der Bühne wird zum Tor für die Fantasie. Und davon hat Eve mehr als genug. Die Mutter hört ihr zu, Eve erzählt bis ins kleinste Detail alles über sich, ihre Wünsche, Sehnsüchte, Gedanken. Der Frühling duftet durchs Fenster, Amseln pfeifen liebliche Melodien, die Koffer werden gepackt, der Flug startet und landet auf dem Flughafen Heathrow bei London.

21 Jahre alt ist Eve, ihre Kindheit und Jugend ist vorbei, die eindrücklichsten Passagen ihres jungen Lebens, ein Leporello, das sie immer wieder ausrollt, sich darin verliert.

Als junge Erwachsene sieht sie sich jetzt, die noch so vieles vor sich hat, unendlich vieles.

Teil 2

Eve sitzt festgeschnallt auf dem Sitz im Flugzeug nach Heathrow neben ihrer Schwester Agathe. Gefangen in einer Büchse mit zu kleinen Fenstern. Beim Start, dem beinah senkrechten Aufstieg, verspürt sie ein Kitzeln im Bauch. Wieder in der Vertikale bewegt sich der Flieger gradlinig durch die Luft wie über eine unsichtbare Strasse. Eve betrachtet die weissen, rundlichen Wolken durch die kleine Scheibe; sie sind zum Greifen nah. Der Sinkflug Richtung Landebahn fühlt sich beinahe sanft an. Eve spürt das Aufsetzen der Räder, das erst temporeiche, dann immer langsamer werdende Ausrollen über die dafür vorgesehene Piste bis zum Landeplatz, den Stillstand des Flugzeugs. Die Passagiere werden aufgefordert, die Gurte aufzumachen und sich zum Ausgang zu bewegen. Als Eve und Agathe ausgestiegen sind, folgen sie den Schildern zur Passkontrolle, der Gepäckausgabe und dem Zoll. Ein Bus nach Cambridge steht bereit. Die Fahrt durch die grüne, flache Landschaft dauert drei Stunden. Bei der Haltestelle, deren Name sie sich eingeprägt hatten, wuchten sie ihre rot-blauen Reisetaschen auf das Trottoir. Sie befinden sich in einer einförmigen Siedlungsstrasse mit fast gleich aussehenden Einfamilienhäusern aus neuem, roten Backstein. Endlich stehen sie vor der richtigen Hausnummer. Eine junge, sehr häuslich wirkende Frau und ein grosser, ländlich aussehender Mann nehmen die beiden Sprachschülerinnen in Empfang. Mit gespielter Herzlichkeit werden sie in den kleinen Salon geführt und sitzen vor einem elektrischen Kaminfeuer. Eve starrt befremdet in die künstliche Glut. Es kommt ihr armselig und billig vor. Sie sehnt sich nach einem richtigen, englischen Kamin, mit prasselndem Feuer und knackenden Ästen. Die ersten Gespräche mit ihren Gastgebern sind spröde und erschöpfen sich in wenigen Sätzen. Die Schwestern bekommen ein Zimmer im oberen Stock angewiesen. Als sie den Raum mit ihren Taschen betreten, erzittert das ganze Haus. In einem Provisorium mit dünnen Wänden und wackelnden Böden zu wohnen, und das für ganze drei Monate, ist eine Zumutung und ihrer nicht würdig, findet Eve. Ganz und gar nicht.

Es gibt viele Menschen indischer Herkunft in Cambridge. In ihren blau ausgeleuchteten Restaurants sitzen Männer und Frauen, denen während des Essens der Schweiss über das Gesicht rinnt. Eve kauft sich in einem abgedunkelten Kleiderladen ein weiss-blau kariertes Hemd aus Baumwolle. Die junge Verkäuferin mit langen, glänzenden, schwarzen Haaren lächelt Eve an und ermuntert sie zum Kauf. Ein schwerer Duft von Patschuli hängt in der Luft. Auf dem Ladentisch stehen Fläschchen mit verschiedenen Aufschriften, Parfums, aus dem fernen, heissen Land, das Eve nicht kennt. Eve will ein gebrauchtes, preisgünstiges Fahrrad erstehen. An jeder Ecke gibt es Verleih, Ankauf und Verkauf von Rädern. Eve will gleich eines haben, erträgt keine Wartezeit, Agathe versucht zu beruhigen und mahnt zur Geduld. Eve kann an nichts anderes mehr denken. Es ist, als wäre ihr Hirn ein kleiner Abstellraum für das ersehnte Fahrrad. Die Strassen und Gebäude in Cambridge leuchten hell. Auch die Mauern der Sprachschule sind weiss. Ihr Lehrer, Mister Drewitt, ein verträumter, schussliger Professor, spricht mit tiefer, rauchiger Stimme und begrüsst die frisch Eingetroffenen freundlich. Seine Schuhsohlen haben Löcher und die Absätze sind entsetzlich schief. Dies beobachtet Eve auf der Treppe, als sie vom Lehrer ins Schulzimmer begleitet werden. Mister Drewitt trägt einen grauen Spitzbart und eine Brille mit runden Gläsern. Dahinter funkeln dunkle Augen. Sein Gesicht ist schmal, beinah ausgemergelt mit breiten, roten Lippen. Er rezitiert mit Freude englische Balladen, galoppiert auf imaginärem Pferd durchs Schulzimmer, setzt effektvolle Pausen, lobt Samuel Taylor Coleridge und trägt schwärmerisch im schönsten, klangvollen Englisch *The Rime of the Ancient Mariner* vor. Die nüchterne Frage einer Schülerin, wie sie sich vorbereiten solle, schubst den alten, zerstreuten Lehrer in die Realität zurück. Die sieben oder acht Schülerinnen und Schüler in Eves Klasse sind ehrgeizig mit dem klaren Ziel, in gut zwölf Wochen die schwierigste Prüfung, das Profiency, zu meistern. Sie belächeln den Lehrer, der sich immer wieder in Schilderungen blutiger Schlachten Englands verliert, nicht mit grausigen, makabren Details spart, sich im Rausch der von ihm geschilderten Ereignisse vergisst. Drewitt wirkt ausserhalb des Schulzimmers fein, zurückhaltend, verträumt. Sein schwarzer Anzug ist an vielen Stellen abgewetzt, der linke Hosensaum hängt über die Schuhkappe. Verlottert irgendwie. Die Schüler werfen sich Blicke zu. So wollen sie nicht werden. Dieser Lehrer, so liebenswert und weltfremd wie er auftritt, ist kein Vorbild. Für Eve jedoch ist er ein Poet, der bei sich geblieben ist, trotz allem. Sie identifiziert sich mit ihm, er ist der erste Mensch, dem sie sich hier, fern von zu Hause, nahe fühlt.

Agathe trifft sich häufig mit ihren Mitschülerinnen und Mitschülern. Sie geht auf im Gruppenleben, nimmt an Ausflügen teil, hat regen Austausch. Eve findet wenig Anschluss, sucht auch keinen. Sie sitzt oft im Zimmer ihrer Wirtsleute am Tisch mit dem Rücken zum Fenster. Mit Bleistift zeichnet sie auf Packpapier einen Faun inmitten von Schafen. Sie denkt sehnsüchtig an den Basler, ihre grosse Liebe. Es gelingt ihr nicht, sein Gesicht als Ganzes hervorzuholen. Sie erinnert sich nur noch an Einzelheiten, die Augen, die Nase, die Kopfform, die Haare. Sie hat ihre Freundin beauftragt, ihm einen Liebesbrief zu übergeben. Nun wartet sie auf Post. Die Freundin schreibt, sie habe ihn auf der Strasse angesprochen und er habe gefragt, ob Eve noch richtig im Kopf sei, ob sie spinne.

Das schmerzt Eve. Sie glaubt ihrer Freundin kein Wort. Sie lügt, weil sie neidisch ist, denkt und malt weiter am Gesicht des Fauns, das zunehmend Züge eines Mitstudenten annimmt, einem sinnlichen, intellektuellen, jungen Mann mit hellbraunen, welligen, kurzen Haaren. Er trägt eine silbern umrandete Brille. Eve ist magisch angezogen von ihm. Er erzählt ihr, er sei Landschaftsarchitekt. Eve stellt sich einen architektonischen Garten vor, der immer weitläufiger wird. Ihr staunender Gesichtsausdruck irritiert den Studenten. Eve lässt aber keine Nähe zu, beobachtet ihn später, wie er sich ungezwungen mit anderen jungen Frauen unterhält. Sie verbringt ihre Freizeit meist allein, macht Fahrradtouren dem Fluss entlang, die behäbigen Cottages betrachtend, die üppigen Sträucher, die vollen Baumkronen, die Weiden am Ufer. Die grasenden, schwarz-weissen Kühe inspirieren sie zu einem Gedicht, in dem eine Kuh sich in Sekundenschnelle in eine Holunder-Tee kochende Mutter in karierter Schürze verwandelt, um gleich danach wieder umso mehr Kuh zu sein, die Eve stumpf, mit unergründlich braunen Augen, anstarrt. Sie schenkt das Gedicht Mister Drewitt, der sich mit einem Freudentanz bedankt und ihr später begeisterte Rückmeldung gibt.

Eve und Agathe leben gegensätzlich. Eve lässt Agathe spüren, wie gewöhnlich sie die Leute findet, mit denen Agathe verkehrt. Dass Eve sie alle nicht erträgt. Sie versteht nicht, dass Agathe es nicht genauso empfindet wie sie. Dass sie viele Stunden mit banalen Ausflügen, oberflächlichem Geplauder und Flirten vergeudet. Die Spannung zwischen den beiden Schwestern wächst von Tag zu Tag. Agathe will Eve anspornen, mehr Kontakt zu suchen, sich ihren Leuten anzuschliessen. Eves Augen blitzen vor Widerwillen. Agathe schweigt stundenlang. Das macht Eve explosiv. Ein harmloser Satz genügt und die beiden schlagen sich, reissen sich an den Haaren, schreien, weinen, bis eine am Boden liegt. Das Haus wackelt, droht einzustürzen. Tränen fliessen. Die Angst, man könnte sie mit dem gelben Wägelchen abholen und ins Irrenhaus sperren, lässt sie erstarren. Im Haus ist es mäuschenstill. Lauschen die Gastgeber an der Tür? Doch später tun sie so, als ob gar nichts geschehen sei. Servieren ein Nachtessen. Ja, sie haben sich geprügelt, gemessen und nun ist Friede. Sie amüsieren sich über ihre Wirtsleute, die steif am Herd stehen, sie nicht ausfragen oder mehr wissen wollen. Es ist nun offensichtlich, dass sie in einem Haus aus Karton untergebracht sind, das bei stärkerer Belastung zusammenbricht wie nichts. So wie die Hausfrau, ein blutleeres Geschöpf mit wässrigen Augen. Ihr Mann scheint fähig, Kaninchen zu schlachten. Unbeholfen rührt er in einem Brei aus Tapioka, den Eve als einzige der bisherigen Speisen lobt. Freundlich und etwas verlegen, wünschen die Schwestern dem Paar einen guten Abend und ziehen sich in ihr Zimmer zurück. Sie fühlen sich einander nah und vertraut, Stück um Stück fällt die Mauer, die sie tagelang zwischen sich aufgebaut haben.

Die Vertraulichkeit wächst von Tag zu Tag. Eve interessiert sich für die Erlebnisse Agathes und reflektiert sie. Agathe bewundert Eve in ihrer künstlerischen Attitüde. Eve hat den Eindruck, dass die Seelenlandschaft Agathes offen vor ihren neugierigen Augen liegt. Doch eines Abends, als Eve ihrer Schwester eine banale Frage stellt, als diese die Tür des Kleiderschranks öffnet, schaut Agathe Eve mit einem solch merkwürdigen Ausdruck an, dass Eve erschrickt. Agathe antwortet mit schneller, automatischer Stimme, hängt eine Jacke an die Kleiderstange, versteckt sich hinter der Schranktür. Als sie Eve wieder anschaut, ist ihr Gesicht maskenhaft, die dunklen Augen stechend und irr. Weder durch Worte noch Berührungen erreichbar, entwickelt sie ein seltsames Eigenleben und steigert sich so in ihre neue Rolle, was Eve ängstigt. Es ist, als verwandle sich Agathe für Minuten in eine ihr völlig fremde Frau, die nie mehr zu ihr zurückkehrt, den Sprung zurück ins normale Leben nicht mehr vollzieht und die Freuden einer eigenen Welt geniesst, zu der niemand mehr Zugang hat. Agathe selbst löst den Spuk auf und lacht. Sie sei über sich selbst erschrocken! Habe es erst spielerisch gemeint und dann habe es sich verselbstständigt. Es sei ein Gefühl der Freude dabei gewesen, Eve Furcht einzujagen. Sie darauf aufmerksam zu machen, dass sie ein Individuum sei, das auf eigener Bahn laufe, sie sei keine Marionette von Eve, ganz und gar nicht. Eve ist dankbar, dass alles wieder normal ist. So wie immer.

Nach drei Monaten Schule treten Eve und Agathe in jeweils verschiedenen Familien eine Au-pair-Stelle an. Manchmal treffen sie sich in dem nahe gelegenen englischen Städtchen Tunbridge Wells. Eve kommt in eine junge Familie mit vier Kindern. Ihr Zimmerchen ist winzig. Am Ankunftstag sitzt sie auf dem Bett und starrt die Blümchentapete an. Das Haus ist wunderbar. Ein altes, englisches Landhaus mit drei Stockwerken. Die Landlady ist gross, schlank, trägt Jeans. Ihr Gesicht ist sehr hübsch mit auffallend grossen, blauen Augen von voluminösen, dunklen Locken eingerahmt. Ein Mädchen und ein Junge von zehn und zwölf Jahren und einjährige Zwillinge, rundlich mit speckigen Beinchen, werden Eve vorgestellt, die sich ihre Namen einprägt. James, Joana, Emily und Edward. Der Familienvater fragt Eve aus, starrt sie an, lächelt immer wieder. Flirtet mit ihr. Eve gibt trockene Antwort. Sie hat den Eindruck, verhört zu werden. In ihrer Freizeit, setzt sie sich ins nahe gelegene Wäldchen ab, wo sie stundenlang tanzt. Fantasien überwältigen sie, die sie später aufschreibt. Aus einer alten Illustrierten reisst sie Seiten heraus und formt daraus Figuren, Marionetten aus Papier und Reststoffen. Eine Frau mit aufgerollten, schwarzen Locken, und einem langen Rock aus einem halb abgeschnittenen Ärmel. Dem Teufel, dessen Körper aus im Bach aufgeweichten und zusammengekneteten Papierschnitzeln geformt ist, klebt sie dunkle Federn einer Boa auf den Leib. Ein schwarz glänzender Pferdefuss darf nicht fehlen. Die Hörner gelingen ihr besonders gut, sehr fein sind sie. Überhaupt mahnen die Gestalten an alte magische Puppen von Urvölkern. Eve befestigt Fäden an den Köpfen. Sie hält sie in den Händen und lässt sie im Wind flattern.

Die alte Mutter der Landlady fixiert Eve und fragt sie, ob sie ihre Tasche gesehen habe. Sie läuft durchs Haus, jammernd: «Where is my bag?» Sie verrät Eve, dass es im Haus spuke, dass seltsame Dinge geschähen. Auch sie hat blaue Augen, die eine Spur zu lange ins Leere schauen, wenn sie etwas erklären will. Eve freut sich an diesem närrischen Zug der Alten, die immerzu ihre Tasche sucht. Niemand aus der Familie reagiert mehr darauf, nur Eve beginnt zu suchen. Einmal findet sie die weisse Handtasche im obersten Stock auf einem kleinen Tisch. Sie freut sich, die ehrwürdige Dame beruhigen zu dürfen. Die alte Engländerin greift danach und stottert verlegen, wie dumm sie sei, sie habe eigentlich gewusst, wo sie liege.

Die Atmosphäre in der Familie verändert sich unmerklich. Eve fühlt sich nicht mehr richtig wohl. Sie weiss nicht, woran es liegt. Sie setzt die Zwillinge morgens auf die Nachttöpfe und schaut zu, wie sie mit ihren Exkrementen spielen. Sie ist fasziniert von der unschuldigen Freude der beiden Kleinen, lässt sie gewähren, bis sie Schritte der Landlady auf der Treppe hört. Eve wechselt sofort ihren Gesichtsausdruck und hebt Emily fürsorglich vom Nachttopf, um sie zu wickeln. Edward verzieht sein Gesichtlein und beginnt zu weinen. Besorgt schaut die Mutter ins Zimmer, was denn Anlass zum Weinen gebe. Eve beschwichtigt sie, es sei alles gut. Kaum ist Eve wieder allein mit den Kindern, verzieht sie das Gesicht zur Fratze. Die Kleinen betrachten Eve mit staunender Neugier. Beim Wickeln kneift sie Edward, sein verdutzter Ausdruck reizt Eve, sie kneift ihn nochmals. Emily starrt Eve aus ihren grossen blauen Babyaugen an. Dann beginnt sie zu lachen, was Eve nicht erwartet hat. Sie setzt die beiden Kinder auf den rosa Spannteppich, wo sie herumkrabbeln, unverständliche Laute von sich gebend. Eve leert die Nachttöpfe, beginnt zu staubsaugen. Bald gibt es Mittagessen, zuerst für die Kleinen, später für den Rest der Familie. Der Familienvater schaut Eve auf eine seltsame Weise an. Was mit ihr sei, fragt er. Nichts, antwortet Eve. Sie habe nur einen schlimmen Traum gehabt. Aha, meint er, von was er gehandelt habe. Sie habe von einem Lift geträumt, in dem Husaren mit dick eingebundenen Beinen gestanden seien. Sie habe in ihrem Bett gelegen und grosse Angst vor der Ankunft des Liftes auf ihrer Etage gehabt. Sie habe im Traum die Vorstellung nicht ertragen, wie die kräftigen, halbvermummten Soldaten in dem viel zu kleinen Lift zusammengedrängt, die Tür aufstossen, heraus taumeln und in ihr Zimmerchen stürmen, um sie auf erstickende Weise zu bedrängen. Sie habe geschrien, endlos und laut, sie sei schreiend erwacht. Ob er sie nicht gehört habe, fragt sie den Familienvater. Er schweigt und lächelt geheimnisvoll. Er spüre, dass etwas mit ihr sei. Eve fühlt sich verunsichert durch sein Reden, unverstanden. Sie zählt die Tage, die sie noch im Haus und in der Familie als Au-pair-Mädchen bleiben muss. Sie will durchhalten, das hat sie ihrer Mutter versprochen.

Eve freut sich auf die Treffen mit ihrer Schwester in Tunbridge Wells. Agathe hat es zuerst schlecht getroffen mit ihrer Au-pair-Stelle. Ihre magere, wettergegerbte, stolze Landlady in gemütlichem, altem Herrenhaus aus roten Backsteinen mit Pferdestall, zwei, drei Pferden und zwei grossen Hunden mit glattem, glänzenden, kurzen Fell behandelt Agathe verächtlich, weist sie mit kalten, harten Worten zurecht, obwohl Agathe sich bemüht, alles, was ihr sinniger und unsinnigerweise aufgetragen wird, perfekt auszuführen. Sie beklagt sich in einem Brief bei der Organisation und wird daraufhin an eine andere Familie vermittelt, wo sie aufblüht. Agathe steht auf dem Bahnsteig und raucht. Sie inhaliert genüsslich. Der blaue Rauch kräuselt sich vor ihrem Gesicht. Sie benimmt sich wie eine erfahrene Frau und lächelt Eve an. Eve ist verunsichert, kann es nicht fassen, dass die Jüngere raucht und dabei so selbstverständlich wirkt. In der Stadt gehen sie in eine englische Teestube und trinken Tee mit Milch. Es riecht seltsam nach alten Backwaren und etwas Undefinierbarem, Muffigem. Zwei junge Männer gesellen sich zu ihnen, versuchen sich höflich, aber unbeholfen anzunähern, doch finden sie weder den richtigen Ton noch die richtigen Gesten und ihre Augen glänzen eine Spur zu sehr. Die beiden Schwestern sind erst amüsiert, doch bald verständigen sie sich über den Tisch mit Blicken. Eve meldet sich als Erste ab, sie gehe auf die Toilette, bald darauf folgt ihr Agathe und die beiden überlegen sich Fluchtmöglichkeiten. Es scheint nur eine Ausgangstür zu geben. Doch als die Tür zur Backstube aufgeht und ein Ladenmädchen herauskommt, sehen sie die offene Hintertür zur Gasse. Ihre Herzen klopfen, sie gehen geschwind durch die Backstube und springen aus der Tür. Bezahlt haben sie ja. Sie hetzen durch die Strassen der kleinen Stadt mit rotglühenden Wangen und lachen sich immer wieder an. Ihre Augen glänzen vor Freude, die lästigen, jungen Männer losgeworden zu sein. Einfach verschwunden zu sein. Sie nie mehr sehen und sich von ihnen dreiste Fragen anhören zu müssen. Später sehen sie die beiden Männer auf der Gasse, die so, als wäre nichts geschehen, an ihnen vorbei spazieren. Das Erlebnis hat sie stark und selbstbewusst gemacht und sie beginnen erst zaghaft, dann immer eifriger ihre Ferien, nach den drei Monaten Au-pair-Zeit, zu planen.

Eve und Agathe fahren im Sommer mit der Eisenbahn von Kent nach Cornwall. Ihr Ziel ist Pencance im untersten Zipfel von England. Sie kommen erst in der Dämmerung im kleinen Städtchen an. Eine dicke, alte Frau, die auch aus dem Zug gestiegen ist, fragt die beiden Schwestern, woher sie kämen und wo sie übernachten wollen. Sie hätten sich noch keine Gedanken gemacht, hätten alles dabei, um draussen zu schlafen. Die alte Frau betrachtet den Rucksack von Agathe, auf den eine violette Wolldecke geschnallt ist, und schmunzelt. Das müsse nicht sein, meint sie. Sie lade sie für die erste Nacht in Cornwall zu sich in ihr Cottage ein. Agathe schaut Eve fragend an. Die ist sofort dabei. Die alte Frau scheint einem Märchen entsprungen in ihrem hellblau geblümten Baumwollkleid, dem gütigen, fleischigen Gesicht, in dem lebhafte Augen schelmisch funkeln. Sie redet ein langsames Englisch, das Eve und Agathe gut verstehen, und führt sie einen Weg entlang zu einem uralten Haus mit Kühen davor. In der niedrigen Küche bietet sie den Schwestern Stühle an und beginnt am Herd zu werkeln. Hungrig sind sie und essen dankbar die nahrhafte Kost der Alten. Bald darauf treffen Bekannte von ihr ein, die alle behaglich in der Küche bei den beiden Mädchen sitzen. Eve spürt eine ihr fremde, warmherzige Gutmütigkeit in allen Gesprächen, im Humor. Menschen, die gerne lange sitzen und verweilen, an jedem Satz herum kauen, dem Gesagten nachsinnen, direkt und naiv Sinniges von sich geben, dem sie wiederum nachsinnen. Erst spät in der Nacht trotten die Gäste davon und die Schwestern bekommen ein winziges Zimmer mit zwei Betten angewiesen. Sie schlafen tief und fest und als Eve erwacht, hört sie die Alte draussen mit jemandem reden, der keine Antwort gibt. Sie öffnet das Fensterchen und ist höchst amüsiert. Die Alte spricht liebevoll mit einer Kuh wie mit der besten Freundin. Die Sonne scheint und strahlt über die Wiese, die saftig grün ist. Alles wirkt einfach, handfest und fröhlich wie im liebsten Bilderbuch. Agathe und Eve bekommen ein sättigendes Frühstück und bedanken sich bei der wundersamen Alten, die etwas von einer guten Hexe an sich hat, und wandern dem nächsten Ziel entgegen.

Über Landstrassen dem Meer und steinigen Küsten entlang wandern Eve und Agathe, Tonpfeifen rauchende Männer betrachtend, die sich in der Mittagspause auf den Felsen ausstrecken und ihnen nachschauen. Eve ist angetan vom hellblau funkelnden Meer und den eintönigen, steinigen Küsten und feinsandigen Stränden. Alles ist weit und karg. Neben dem Meer wandern sie, immer dem Southern Pfad entlang. Als es einnachtet, suchen sie sich einen stillen Ort zum Schlafen und überqueren Felder und Wiesen, die von niedrigen, steingeschichteten Mauern eingefasst sind. Die Luft ist warm und feucht. Sie lagern sich an ein Mäuerchen, legen sich auf das Gras und breiten die violette Wolldecke über sich. Es ist noch ungewöhnlich hell und sie sprechen einander Mut zu. Jahrelang schliefen sie im gleichen Zimmer. Sie sind es gewohnt, nahe beieinander zu liegen. Der Schlaf kommt schnell, das Erwachen auch. Ein Regen durchweicht die beiden Schwestern. Eve will trotzdem liegen bleiben, doch Agathe drängt. Sie fühlt sich verloren, friert und bittet Eve den Schlafplatz zu verlassen, eine Scheune zu suchen, irgendetwas mit Dach. Sie gehen immer weiter, wissen keine Richtung, noch wo sich ein nächstes Haus befindet. Die Nacht ist nicht sehr dunkel, sodass sie alles gut sehen können. Nach langem, ziellosen Herumwandern stossen sie auf eine kleine Kirche mit anschliessendem Friedhof. Sie öffnen die schwere Türe und treten in den winzigen Raum mit hölzernen Bänken und Kniepolstern aus dunkelrotem, abgewetztem Samt. Sie staunen, dass sie eintreten durften, nichts abgeschlossen war. Hier wollen sie ihr Ruhelager einrichten und die Nacht verbringen. Niemand stört sie, kein Mensch kommt vorbei und sie schlafen tief und fest bis zum Morgen. Eve reibt sich die Augen, belustigt schaut sie auf die schlafende Schwester. Sie ist seltsam davon berührt, den heiligen Raum zum Übernachten benutzt zu haben. Dankbar schaut sie auf die alten Mauern des Kirchleins, das sie vor Regen und Wind beschützt hat. Bei hellem Sonnenschein verlassen Eve und Agathe die kleine Kirche und von Hunger getrieben, marschieren sie los. Im nächsten Dorf finden sie einen Milchladen und kaufen sich je einen Liter Milch in der Glasflasche, die sie, auf dem warmen Steinboden hinter dem Laden sitzend, gierig trinken. Die Milch schmeckt hervorragend, rahmig, sanft. Ein Gefühl, gerettet worden zu sein, ausgespuckt aus der dunklen, ungewissen, nassen Nacht, erfüllt Eve ganz und gar. Seltsam auf den Steinplatten in der wärmenden Sonne zu liegen, wie vom Sturm an den Strand gespülte Schiffbrüchige, die ihr Glück kaum fassen können.

Noch oft sitzen die Schwestern in Friedhöfen vor alten Kirchen. Eve hat sich eine Tonpfeife gekauft, Tabak dazu, zieht am weissen Tonröhrchen den Rauch in die Nase und tief in den Hals hinunter. Ihr schwindelt, alles dreht sich eine Weile, dann schaut sie verklärt auf die Grabsteine, die unregelmässig verteilt im Gras stehen. Die Mauer der Kirche mustert sie, dunkelgrau in einbrechender Nacht. Agathe raucht eine Zigarette. Abenteuerlich ist es. Am Tag gehen, mit gutem Appetit picknicken, auf sandigen Pfaden tanzen und sich wie Zigeuner fühlen. Nachts irgendwo übernachten, überall wird Bed and Breakfast angeboten, das ist angenehmer für sie, als draussen zu schlafen. Eve und Agathe verstehen sich gut, sie geniessen die Zeit in Cornwall und fühlen sich nah und innig verbunden. Da sie alles Geld ausgegeben haben, entschliessen sie sich per Autostop nach London zurückzufahren.

Eve und Agathe stehen bei trockenem Sommerwetter an der Strasse. Sie halten ein Schild hoch, auf dem «London» steht. Das Gelb der Ährenfelder ist fahl geworden, der hellblaue Himmel darüber blass wie auf einem leicht dahin gemalten Aquarell. Sie machen Autostopp in Eigenregie, die Mutter darf es nicht wissen. Ein helles, älteres Auto hält an. Ein gefurchtes, kräftiges Männergesicht wird nach dem Herunterkurbeln der Autoscheibe sichtbar. Er fahre Richtung London, sagt der Mann, sie sollen einsteigen. Eine tiefe, markante Stimme, die an keltische Vorfahren erinnert. Die beiden Schwestern steigen ein und bemerken einen jüngeren Mann mit langen, blonden Haaren auf dem Rücksitz. Sie sollen es sich gemütlich machen, sagt der Ältere, der da hinten sei sein Sohn. Da lacht dieser lässig auf, und fällt dann wieder in seine gleichmütige Körperhaltung zurück. Ein Gespräch zwischen den beiden Männern verläuft in einer Art Ursprache, schönstem, urwüchsigstem Englisch. Eve meint die ganze Kraft des Landes darin zu spüren. Es sind schöne Männer. Eve findet an beiden Gefallen. Eine Mischung aus Furcht und Faszination lässt die Schwestern still dasitzen. Auf Fragen geben sie willig

Antwort, verhalten sich ansonsten abwartend und ein wenig ängstlich. Auf eine beruhigende Geste des Sohnes Eve gegenüber reagiert der Vater mit einem tiefen und langsam gesprochenen «What have you done, my son», das Eve Vertrauen einflösst. Er wiederholt diesen Satz immer wieder, was alle zum Lachen reizt. Es seien noch einige Meilen bis London, er lasse sie an dieser vielversprechenden Kreuzung raus, damit sie schneller wegkämen. Eve ist erleichtert, wieder auf der Strasse zu stehen. Agathe atmet tief durch. Ein korrekter, farbloser, mittelalter Herr ist ihr nächster Chauffeur, der sie bis nach London fährt. Der Aufenthalt in England ist zu Ende und bald darauf geht es weiter nach Frankreich. Sprachschule und Au-pair-Stellen sind längst organisiert. Die Mutter hat es so geplant und bei den Töchtern durchgesetzt, obwohl Eve lieber gleich ihr Studium an der staatlichen Schauspielschule begonnen hätte. Die Prüfung hat sie ja bestanden.

In einer Blockwohnung des Pariser Aussenquartiers Colombes sitzen Eve und Agathe im Esszimmer von Madame und Monsieur, am weiss gedeckten Tisch. Dunkle Möbel und Schränke stehen um sie herum. Die Haare der Hausfrau sind dunkelblond gefärbt und zur barocken Turmfrisur aufgesteckt. Die Augen fast schwarz und auffällig glänzend im stark gebräunten, faltigen Gesicht. Die auffällig rot geschminkten Lippen sind zu einem Dauerlächeln verzogen. «Servez-vous», sagt sie immer wieder zu den Mädchen, die sich nicht ganz wohl zu fühlen scheinen. Monsieur, ein glatzköpfiger Brillenträger mit einem ziemlichen Bauch unter dem schneeweissen Hemd, versucht seinen Charme auszuspielen. Er ist portugiesischer Herkunft und nennt die Schwestern «Les petites Suisses». Klebrig-lüstern ist sein Ton, sein Lachen verdrückt. Madame peitscht ihn mit Blicken und serviert ungetrübt weiter, Platten voller Speisen, die im Licht der Tischlampe fettig glänzen. Die Wohnung ist ziemlich klein und das Zimmer, wo sie untergebracht sind, vollgestellt mit älteren Möbeln. Ein geschnitzter Mahagonischrank steht neben der Tür. Die Schwestern setzen sich nebeneinander auf den Boden. Eve starrt auf den Schrank und beginnt zu lachen. Sie stellt sich vor, dass sich die Schranktüre langsam öffnet, der Kopf von Madame wie ein abgeschnittener Hirschkopf durch die Rückwand bricht und ein letztes «Servez-vous» in den Schlafraum der Mädchen schmettert.

Eves Französischlehrerin ist sehr hübsch. Sie hat lange, hellbraune Haare und bewegt sich mit grosser Selbstsicherheit vor den Schülern. Der Unterricht ist etwas fade und Eve schaut oft zum Fenster hinaus, wo der herbstliche Regen die hellbraunen Blätter zu Boden schlägt. Sie denkt schon am Vormittag ans Mittagessen im Chartier, einer grossen, alten Speisehalle mit Holzwänden und alten

Tischen. Merlan frites ist ihre Lieblingsspeise, die sie jeden Mittag bestellt. Das weisse Fleisch schmiegt sich an die Zunge, der Saft der Zitrone, den Eve auf den Fisch geträufelt hat, prickelt angenehm und die Kartoffeln dazu sind fest und doch weich. Nachmittags entdeckt sie Paris, begibt sich in die verschiedenen Quartiere und schaut an den Häusern hoch, die im umfangreichen, zerfledderten Stadtführer, der griffbereit in ihrer Tasche liegt, beschrieben werden. Le Marais besucht sie an einem kalten, sonnigen Tag. Sie mischt sich unter die Leute, fühlt sich wie zu Hause. Eine schmale Gasse läuft sie hoch, vertieft in die Geschichte der Strasse, der Häuser. Ein älterer Herr stoppt sie und fragt, ob er sie auf einen Drink einladen dürfe. Eve hat das Gefühl, mit etwas Unausweichlichem konfrontiert zu werden und betrachtet den Mann genauer. Etwa 45 ist er, etwas untersetzt mit Bäuchlein. Als sie im schmalen Bistro sitzen, erzählt der Mann Eve, er sei Psychiater und habe sofort bemerkt, dass sie ein interessantes Mädchen sei – «Tu as une visage très nette, très sensible» – er könne sich aber sehr gut vorstellen, dass Eve Lust hätte, es mit einem Affen, einem Menschenaffen zu treiben. Er spüre etwas Urvitales in ihr, vor allem in der Sexualität. Eve ist eingenommen von dem Mann, bezaubert von seinem zweideutigen Charme. Er kenne einen Mann, einen schönen Mann, den er Eve gerne vorstellen würde. Er sei Clochard, doch sehr ursprünglich und gut aussehend. Ja, warum nicht, meint

Eve und verspricht am nächsten Nachmittag zur selben Zeit wieder vorbeizukommen. Auf dem Rückweg geht sie alle Aussagen des Psychiaters noch einmal im Detail durch. Was er über sie gesagt hat, warum. Sie fühlt sich erkannt, durchschaut, etwas ausgeliefert. Wie gerne hört sie jemanden über sich sprechen. Sie spiegelt sich in den gemachten Aussagen, identifiziert sich damit. Das Wort «nette» muss sie im Wörterbuch nachschlagen. «Net» bedeutet sauber, rein, klar. Sie ist sich nicht darüber bewusst, dass sie so wirkt. «Sensible», das ist nicht schwierig zu verstehen. Warum hatte er nicht gesagt, sie sei hübsch. Er sah tief in ihre Triebwelt hinein und hatte seine Hand vom Rücken her in ihre Hose geschoben, war mit dem Zeigefinger in die Po-Spalte gedrungen und dort hinauf und hinunter gefahren. Warum hatte sie sich nicht dagegen gewehrt. Neugierig, wie weit er wohl gehen würde und was sie dabei empfände, liess sie ihn gewähren. Als wäre sie selbst eine Puppe, die sich zu Experimentierversuchen spazieren führt. Ein leeres Blatt, auf dem jedes Erlebnis in kräftiger Schrift nachzulesen sei in späterer Zeit. Dieses Experiment ist für sie nun abgeschlossen, sie will diesen Menschen nie wieder sehen, noch zur abgemachten Zeit an Ort und Stelle sein. Auch den schönen, jungen Clochard will sie nicht kennenlernen. Sie wittert, wie ein junges Tier, unbekannte Gefahren und Abgründe, einen blubbernden Brei, in dem sie hilflos zappelnd absänke wie ein Mammut im Sumpf.

Die Familie, bei der Eve als Au-pair-Mädchen arbeitet, wohnt in einer feudalen Altwohnung, in die ein hölzerner Aufzug führt. Auf der Etage ruckelt er ein wenig und bleibt dann stehen. Erst dann wagt Eve, die Tür des schmiedeeisernen Gitters, das im Geviert um den Lift herumführt, zu öffnen. Die Mutter, Professorin der Augenheilkunde, viel beschäftigt und nur abends kurz zu Hause, der Vater, Chef einer namhaften Bank mit dem Aussehen eines putzigen, pudelähnlichen Puppenstubenvaters, begrüsst Eve, ohne sie anzuschauen. Das ehrgeizige Kindermädchen aus Portugal, das hauptsächlich für die vier Kinder im Alter von fünf bis zwölf Jahren zuständig ist und Eve von Anfang an bei angeordneten Tätigkeiten misstrauisch beobachtet, braucht dringend Entlastung. Eve ist vom Abend bis in die Nacht um 22 Uhr für die vier zuständig. Das beinhaltet Baden und Zu-Bett-Bringen der zwei sehr unterschiedlich gearteten, älteren Buben. Alexandre, der Ältere, ein fragiler, hochgeschossener, zarter Junge, der viel fragt, in sprunghafter Art immer neue Themen anschneidet, keine Nähe aufkommen lässt, zappelt in der gefüllten Badewanne herum wie ein nervös gewordener Fisch. Bénilde, der Zweitälteste, stellt Eve Fragen, die sie nicht beantworten kann. Er lacht sie aus, lacht immer. Übermütig tanzt er vor Eve herum, dreht sich abrupt um, streckt ihr seinen Hintern entgegen, starrt sie an, nimmt ihre Hand und zerrt sie durchs Zimmer. Eve ist froh, wenn die beiden in ihren altmodisch gestreiften Pyjamas im Bett liegen. Madame sagt den Kindern gute Nacht. Sie geht zu jedem hin und gibt ihm einen Kuss. Etwas steif und hölzern wirkt ihr Gute-Nacht-Ritual, das sie jeden Abend durchführt. Die ungebärdigen Kinder wirken jetzt brav, gedämpft, ehrfürchtig. Schüchtern bedrängen sie die Mutter mit kleinen Bitten, die sie beinah hoheitsvoll anhört, sich gnädig gibt, Versprechungen für den nächsten Tag macht. Flore und Damien, die beiden Jüngsten, Zwillinge, reissen die Augen auf, die im Lampenlicht funkeln. Mit ihren Ärmchen schlagen sie auf die Bettdecke, als die Mutter die Tür schliessen will. «Maman», rufen sie, «Maman, dürfen wir morgen in den Park, Maman, müssen wir morgen zur Schule, Maman wir müssen nicht in die Schule, Maman.» Ein abschliessendes, helles, wohltönendes «Bonne nuit» beendet das Bittkonzert ohne weitere Zugeständnisse und mit der Mahnung, schön brav zu sein und alles zu befolgen, was das Kindermädchen anordne.

In Paris regnet es meistens. Der Asphalt glänzt dunkel in den breiten Strassen der Avenue Breteuil, wo Eves Au-pair-Familie wohnt. In ihrer Freizeit entdeckt sie Paris, Bistros, wo Künstler sitzen. Die Académie des Beaux-Arts befindet sich in der Nähe des Kaffees, welches Eve sooft wie möglich besucht. Sie setzt sich an einen Tisch am grossen Fenster, trinkt Kaffee und beobachtet einen rotlockigen, braunäugigen Mann mit interessanten Gesichtszügen.

Er bemalt im Café eine Leinwand und Eve betrachtet seine zeichnerischen Studien interessiert. Sie spricht ihn an, teilt ihm mit, dass er ihr sehr gut gefalle, und erzählt von sich. Er ist geschmeichelt, amüsiert und fragt sie aus. Ihm gefällt Eves Naivität, er flirtet mit ihr. Sie wiegt sich in der Hoffnung, ihn für sich zu gewinnen. Er führt sie durch enge Gassen, zeigt ihr pittoreske Winkel, setzt sich mit ihr in kleine, uralte Bistros und lacht immer wieder über Eves drollige Meinungen und Ansichten. Eines Abends sitzt Eve wieder im Café in Erwartung des Malers, der John heisst und aus London kommt. Er kommt rein und begrüsst Eve. Plötzlich steht eine junge, unauffällige Frau vor Eve, lächelt sie an und geht zu John küsst ihn. Eve ist platt, versteht nichts mehr. John stellt ihr die Frau als seine Freundin vor, die er schon lange kennt und mit der er zusammenziehen will, Kinder haben, ein Haus, Garten. Eve lächelt verblüfft, gequält. Sie kommt sich dumm und verraten vor. Sie setzt sich allein an einen anderen Tisch, bestellt Kaffee, tut so, als sei es für sie das Selbstverständlichste von der Welt, dass eine Freundin so plötzlich aus dem Boden schiesst und ihren neuen Schwarm null Komma plötzlich für sich und ihr Leben beansprucht. Eve verabschiedet sich so bald als möglich und tritt in den kalten Wintertag hinaus, irgendwie wütend, hilflos, verzweifelt. Nein, verdient hat John sie nicht!

Ein anderer junger Mann, der eindrückliche, grosse, graue Augen hat und im gleichen Kaffee wie John verkehrt, ist Eves nächster Auserwählter. Seine hellroten Haare sind lang und er scheint nicht so ganz am Boden zu sein. Er schwebt mager und gross an Eve vorbei und nimmt gar keine Notiz von ihr, als wäre sie Luft. Wo befindet er sich innerlich? Eve hat das Gefühl, einen zweiten van Gogh vor sich zu sehen und den will sie sich nicht entgehen lassen. An einem Tag, an dem sie mit Agathe unterwegs ist, begegnet ihnen der vor sich hin sinnende, junge Mann. Eve fasst allen Mut zusammen und spricht ihn auf offener Strasse an. Ob er Lust hätte, einen Kaffee mit ihr zu trinken. Er schaut sie entsetzt an, starrt wehrlos in ihr Gesicht, formt ein einziges, absolutes Nein mit seinen Lippen und schreitet beleidigt davon. Eve weint los, als wäre ihr die Haut abgezogen worden. Agathe tröstet sie und meint, dass Eve viel zu gut für diesen arroganten, seltsamen Gesellen sei. Sie habe Mitleid mit Eve gehabt und mitgelitten. Die dreiste Spontaneität sei so reizend und liebenswürdig, dass nur eine eiskalte Natur so abweisend darauf reagieren könne.

Eve lebt ihre Neugier auf Männer aus und lernt immer neue kennen. Einen hübschen jungen Mann mit einem bleichen, schmalen Gesicht in langem hellem Regenmantel mit seidenweichem, kinnlangem, apart gekämmtem, hellbraunem

Haar, der sie in der Notre Dame leise anspricht und sie während des Hinausgehens fragt, ob er sie wiedersehen könne. Es ist dunkel draussen, regnet und er begleitet sie zur Metro. Eve schwebt vor Freude, einen waschechten Pariser kennenzulernen, was er leicht und bestimmt von sich behauptet zu sein. Sich von ihm auf die charmanteste Art begleitet zu wissen und in etwas holprigem Französisch auf die Komplimente des französischen Herrn einzugehen, beschwingt sie so sehr, dass sie alle Vorsicht vergisst. Selbe Zeit, am selben Ort fragt er beinahe schüchtern mit eleganter Neigung seines Körpers in ihre Richtung, dass Eve das Gefühl hat, Angeschwärmte und Königin zugleich zu sein. Sie hat nicht den geringsten Zweifel, dass sie sich zum vereinbarten Zeitpunkt wiedersehen. Der warme Regen weht ihr angenehm ins Gesicht, als sie zur Wohnung an der Avenue de Breteuil spaziert und den Dom des Invalides liebevoll betrachtet. Anderntags macht sie sich verliebt auf den Weg zur Notre Dame. Ein etwas komisches, unsicheres Gefühl macht sich in ihr breit, was sie mit sicherem Gang zu überspielen versucht. Es ist dunkel wie am Vorabend, der Platz vor der Notre Dame belebt, die Bäume kahl und schwarz. Sie ist zu früh, späht nach allen Seiten und konstatiert, dass er noch nicht da ist. Sie wartet, verkrampft sich zusehends, was sie mit tapferem Lächeln weg zu drängen versucht. Es gelingt nur halb und der Ersehnte taucht nicht auf. Auch nicht in der nächsten Viertelstunde. Die langen

Minuten, die Eve herumsteht, enttäuscht, unsicher, wird sie so schnell nicht vergessen und den hübschen, jungen Mann als Beispiel eines unzuverlässigen Franzosen in Erinnerung behalten. Die Gründe, warum er nicht zum Rendezvous erschienen ist, malt Eve sich detailreich aus, doch die Leere, die sich in ihr breit macht, ist bitter und muss lange verdaut werden.

Eines Abends auf dem Boulevard Saint Germain begegnet Eve drei jungen Männern, denen sie sich sofort anschliesst. Der anziehendste der Gruppe, ein Tunesier mit üppiger, kleingekrauster, schwarzer Haarpracht, lebhaften schwarzen Augen im gebräunten, schmalen Gesicht, interessiert sie sofort. Hypnotisiert läuft sie mit. Die beiden anderen Männer stammen aus Algerien und sprechen Französisch. Sie fragen Eve, ob sie Lust hätte, mit ihnen in ihre Wohnung zu kommen. Eve stimmt zu, obwohl sie weiss, dass sie sich auf Unbekanntes einlässt, im schlimmsten Fall den drei Männern ausgeliefert ist. Eve steigt mit ihnen viele Treppen hoch in eine Mansarde, die mit dem Notwendigsten ausgestattet ist, doch scheint es, als würden alle drei in diesem Zimmer wohnen und schlafen. Man setzt sich teils auf ein schmales Bett an der Wand und im Kreis auf den Boden. Es wird gelacht, geraucht, getrunken. Als würden sie ums Feuer sitzen in einer südlichen, üppigen Landschaft, so kommt es Eve vor. Sie wird aufgefordert, sich nackt auszuziehen. Eve zieht sich aus und setzt sich aufs Bett. Sie sei noch Jungfrau und habe noch nie mit einem Mann geschlafen, bekennt sie schamhaft. Die Männer werden still und betrachten sie. Sie beraten in fremder Sprache und lassen Eve auf dem Bett allein. Eine Ehrfurcht vor ihrer Unschuld erfasst sie und sie teilen ihr in französischer Sprache mit, dass sie Eve als rein und heilig betrachten und sie keine Sorge haben müsse, angefasst oder zu sexueller Handlung gedrängt zu werden. Eve ist angetan von dem rücksichtsvollen Verhalten, an dem sich die nächsten Stunden nichts ändert. Als es Zeit zum Schlafen ist, legen sich zwei Männer auf dünne Matratzen auf den Boden. Eve legt sich zu dem Mann, der sie schon anfangs interessiert hat, dessen fremdländische Schönheit, sie nicht genug bestaunen kann. Eve döst neben ihm vor sich hin. Der Morgen dämmert bereits, sie schmiegt sich an den biegsamen Körper des Tunesiers, der auf dem Rücken liegt. Sein Schwanz ist steif und schaut zur Decke. Eve ist neugierig, wie sich das Teil anfühlt, greift nach ihm und hat das Gefühl, ein trockenes, hölzernes Ende eines Besenstils in der Hand zu halten. Es steigen Bilder seiner tunesischen Heimat in ihr auf, die sie gar nicht wirklich kennt. Hühner gackern, picken im sandigen Boden herum. Eve ist Bäuerin in einer einfachen Behausung, kehrt den Holzboden, greift nach einem Kessel, rührt Futter für Tiere an. Sie riecht, spürt, sieht alles vor sich, als wäre es Realität. Draussen ist es hell geworden. Die Illusion verblasst mit dem Morgenlicht. Eve versucht geräuschlos aufzustehen. Der Atem der Männer geht ruhig und gleichmässig. Sie kleidet sich an, nimmt ihre Tasche und schleicht zur Tür, die sie leise hinter sich schliesst. Eilig steigt sie die Treppen hinunter und befindet sich in einer schmalen Gasse mit altem Steinpflaster. Sie läuft durch ein morgendliches Paris, das sie so noch nicht erlebt hat. Noch müde, doch belustigt und erfreut über ihr Erlebnis, strahlt sie, von sich selber und ihrem Mut begeistert, und ist doch froh, die heikle Situation unbeschadet überstanden zu haben.

Es ist Frühling. Eve wiederholt die Aufnahmeprüfung in die Schauspielschule. Eigentlich hat sie ja bestanden, doch um noch sicherer zu sein, ist die Wiederholung nötig. Sie besteht die Prüfung. Das Treffen mit den jungen Leuten, die ebenfalls aufgenommen wurden, bringt eine leichte Enttäuschung. Eve kann erst in zwei Wochen anfangen mit der Ausbildung, wenn zwei Gefährdete, die allgemein bekannt sind und bei denen der Lehrer sich sicher ist, dass sie die Zwischenprüfung nicht bestehen, aus der Schule austreten. Sieben haben es geschafft. Vier dürfen sofort beginnen. Eves Geduld wird auf die Probe gespannt, niederdrückende Gedanken bestürmen sie. Und wenn die beiden nicht rausfliegen, fragt sie den Lehrer, was dann. Im schlimmsten Fall könnte sie dann im nächsten Jahr beginnen, doch sei er sich ziemlich sicher, dass es so komme, wie er es schon wisse. Eve wohnt wieder bei der Mutter. Sitzt im antiken Sessel, die Beine übereinandergeschlagen. Sie raucht eine Zigarette nach der anderen, wie die Mutter. Eve hat sich das Rauchen in Frankreich angewöhnt und kann nicht mehr ohne sein. Eve redet gerne mit der Mutter über alles. Auch über die Situation jetzt. Alle Möglichkeiten werden ausdiskutiert oder in der Schwebe gelassen, da es keine schnellen Antworten gibt. Eve bedrängt ihre Mutter. Ob sie gut genug sei, ob sie schön sei, wie sie wirke, warum die einzelnen Leute so oder so reagiert hätten, wie sie hätte reagieren müssen, wie schlagfertig sie hätte sein sollen. Die Mutter lässt sich alles detailreich erzählen und schlägt Eve Antworten vor. Kurz und treffend. Locker sein, Spass haben am Spiel mit Menschen, Freude an ihnen. Eve lebt mit der Mutter auf. Sie lachen. Wie leicht scheint das Leben zu sein. Doch am nächsten Tag gibt es Situationen, in denen Eve keine Antwort einfällt, in denen sie stockend schweigt, in denen sie sich hilflos und allein fühlt, nichts durchschaut, als wäre sie vom Mond herabgefallen.

Doch dann gilt's ernst. Eve beginnt ihr Studium und sitzt im Keller der Musikschule, folgt aufmerksam den Anweisungen der Lehrer. Ihr Lieblingslehrer beginnt seine erste Lektion eindrücklich. Er stirbt den Heldentod auf der kleinen Studiobühne. Seine Schreie sind bis in die Gassen der

Altstadt zu hören. Da stirbt wieder einer, schmunzeln die, die oft vorbeikommen. Hingabe ans Spiel bis in den Tod. Eve hört die krächzende Stimme des alten Schauspielers gern. Sein urwüchsiges, schelmisches, feines Gesicht gefällt Eve. Er rollt die dunklen Augen, sodass sein Bühnensterben eine winzige Portion Komik erhält. Später wird er es schwer haben, wütend sein über das gnadenlose Altern mit einem langen, mühsamen Ende, Jahre danach. Das weiss Eve da noch nicht. Jedem Studierenden werden Rollen zugewiesen, Vorsprechrollen. Wie wirke ich, was wird mir zugeteilt, wen soll ich darstellen und warum? Eve identifiziert sich mit ihren Rollen, meint so zu sein. Marthe Rull aus *Der zerbrochene Krug* soll sie einüben. Die Stelle, an der Marthe dem Dorfrichter Adam mit Inbrunst und Verzweiflung den zerbrochenen Krug zeigt und die Szene auf der kaputten Stelle detailreich beschreibt. Der temperamentvolle Lehrer spornt sie an, freut sich lautstark, wenn Eve den Ton getroffen hat, die Bewegung stimmt, sie impulsiv und spontan verschmilzt mit Marthe. Eve ist eigentlich viel zu jung für diese Mutterfigur, deren Tochter ihre Namensschwester ist. In der Pause trippelt der schlanke, sehnige Mann zur Türe. Er steckt die Zigarette an, die während der Lektion im rechten Mundwinkel lag. Er zieht den Rauch tief in die Lungen und steigt die Treppe zum kleinen Foyer hoch. Er wirkt jetzt in sich gekehrt, beinah schüchtern, schweigsam und beobachtet seine Studierenden, von denen viele ebenfalls rauchen, schwatzen und lachen. Weiter geht's mit Akrobatik, wo Eve den Überschlag einübt. Zuerst die Brücke machen, dann mit den Händen vom Boden abstossen, im Handstand kurz verweilen, mit den Beinen durch die Luft, den Rücken bis zum Anschlag durchbiegen und aufrecht auf den Füssen landen.

Einige Unterrichtsstunden werden in einem Kellertheater in der Altstadt durchgeführt. Wenn Eve die spurenreichen Steinstufen hinabsteigt, weiss sie, dass sie lange im Dunkeln sitzen wird und der Tag draussen ohne sie stattfindet. Die Bühne ist klein, in den Kellerbogen eingebaut, der vor Geschichte trieft. Die alten Mauern bilden einen reizvollen Gegensatz zu den jungen Studenten und Studentinnen, die sich auf der Bühne bewegen, immer wieder unterbrochen von den Anweisungen der Lehrer. Die Aufgabe an diesem Nachmittag: eine gerade geschehene Katastrophe glaubhaft zu erzählen. Eve muss immer wieder von Neuem beginnen, bis ihre Geschichte vom Zugunglück aufmerken lässt. Sie spürt, wie viel Intensität es braucht, die Wirklichkeit nachzuahmen, neu zu leben. Ein Student mit eindrücklichem Gesicht, grossen, blauen Augen unter einer gelockten Löwenmähne ist nach Eve an der Reihe. Er hat sich seit dem Anfang des Schuljahres nicht wohlgefühlt. Sein Körper wirkt wie aus Eisen. Alle schauen gespannt zu, wie er die gestellte Aufgabe angeht. Er müsse kurz raus, sagt er, was die Spannung der Zuschauenden erhöht. Er schlägt die Kellertür mit lautem Knall zu, stürzt über die Treppen in den Keller, rennt auf die Bühne und schreit dazu: «Der Gurten wackelt, der Gurten wackelt.» Ausser diesem Satz kommt nichts aus ihm heraus. Erst beginnen die Zuschauenden leise zu kichern, dann ungehemmter loszulachen bis zu schallendem Gelächter, das nicht aufhören will. Der Student wirkt beinah fröhlich über die grosse Reaktion auf sein Spektakel, die Erleichterung, dass er endlich einmal überzeugend agierte, steht ihm ins Gesicht geschrieben. Als wieder Ruhe einkehrt, fragt der Schauspiellehrer, warum der Auftritt so durchaus komisch wirkte. Er erklärt es anhand einer Heimatbühne, die ein Stück aufführen, in dem es plötzlich brennt. Der Lehrer stellt sich auf die Bühne und zeigt die steifen, unbeholfenen Bewegungen eines Laiendarstellers, das verkrampfte Gebrüll, das mechanisch wirkende Herumgehen der Akteure. Der Student ist wie mit kaltem Wasser begossen, gelähmt, erstarrt. Eve hat Mitleid mit ihm und möchte nicht mit ihm tauschen. Wie hilflos man werden kann, ausgesetzt den fremden Augen, die kalt und höhnisch das Nicht-Gelingen des anderen geniessen, sich distanzieren und gnadenlos ihr Urteil fällen.

Ende des ersten Semesters ist für alle Studierenden ein Gespräch mit dem Leiter der Schauspielschule angesagt, der zugleich Hauptlehrer im Fach Schauspiel ist. Eve fährt mit der Tram über die Brücke der Stadt, die so hoch ist, dass es sie schwindelt beim Hinabschauen. Der grüne Fluss blinkt bei Sonnenschein da und dort auf. Einmal bekam sie Panik und Angst, sie könnte auf die Brückenmauer steigen, mit Lust und Übermut hinunterspringen in den sicheren Tod. Ein paar Stationen später steigt Eve aus und sucht die Wohnung des Mannes auf. Sie war schon zu einem Orientierungsgespräch dort, bevor sie überhaupt eine Prüfung absolvierte. Der Lehrer öffnet die Tür, begrüsst Eve und reibt sich die gepflegten Hände. Sein Parfum hüllt ihn ein, im enganliegenden, braunen Ledergilet macht er eine gute Figur trotz Bäuchlein, das von vergangenen kulinarischen Genüssen Kunde gibt. Er bittet Eve aufs Sofa zu sitzen, setzt sich ihr gegenüber und lächelt sie an. Eve ist leicht verunsichert, doch sehr gespannt, was der Lehrer zu ihr und ihrer Entwicklung sagen wird. Sie wird nicht enttäuscht. Er bestätigt ihr, dass sie Ausstrahlung habe, Präsenz und Kraft. Das freut Eve und sie fährt bestärkt zurück über die Brücke, durch die Stadt und mit dem Bus in den Vorort, wo sie bei ihrer Mutter wohnt.

Eve ist ziemlich stolz auf das Urteil des Lehrers, doch gegen Ende des Jahres fühlt sie sich nicht mehr wohl in der Klasse. Sie drückt sich, ist froh, wenn die Reihe nicht an ihr ist und sie nicht auf die Bühne muss. Der Druck, etwas leisten zu müssen, lastet auf ihr. Sie ist oft müde und grübelt vor sich hin. Der Lehrer redet mit ihr. Was sie habe, ob sie traurig sei, sie wirke so dumpf, schwer. Sie solle sich bewegen, Seil springen, damit ihr Kreislauf in Schwung komme. Eve ist verwirrt von den Studierenden der Oberstufe, die bald die Schlussprüfung ablegen. Sie beobachtet Einzelne und ist zutiefst beeindruckt von ihnen. Einige sind draufgängerisch, energisch und hart. Sie reden viel und stellen sich dar, privat und auf der Bühne. Eve fühlt sich verloren, als sie im grossen Sprechchor mitmachen soll und in das alte Klagelied des Äschylos von der Niederlage der Perser einstimmt. Ein Gefühl, als würde sie in einem Ozean absinken und namenlos herumtreiben, erfasst sie. Ein Schulfest soll abgehalten werden. Man trifft sich in der Altstadtwohnung einer Lehrerin. Es gibt Essen und viel Wein. Eve sitzt in einer übermütigen Runde, wo sie sich anfangs äusserst wohlfühlt. Doch lässt sie sich immer wieder vom dunkelroten Wein nachschenken und nimmt in Kauf, dass sie in einen überbordenden, gefühligen Zustand gerät. Ihre Reden werden immer lauter und unflätiger. Sie fällt unangenehm auf und lallt den alten Lieblingslehrer an, der laut und derb auf sie einredet. Man solle aufhören, ihr Wein nachzuschütten. Doch Eve schreit, sie wolle trinken, sie sei bei klarem Verstand und nicht betrunken. Plötzlich fällt sie vom Stuhl. Eine Oberstufenstudentin hievt sie auf die Beine und ohrfeigt sie tüchtig. Eve fühlt den Schmerz kaum, doch weckt er sie. Sie schielt betäubt auf die um sie herumstehenden Schülerinnen und den Lehrer. Die Telefonnummer ihrer

Mutter wird erfragt. Im Taxi und mit Begleitung wird sie nach Hause befördert, wo ihre Mutter sie in Empfang nimmt. Die Mutter redet ruhig auf Eve ein und beschwichtigt die besorgten Studentinnen, die mitfuhren. Auch am anderen Tag, als Eve verkatert am Mittagstisch sitzt, wird ihr keine Szene gemacht. Verständnisvoll redet ihre Mutter zu ihr und voll Vertrauen, dass Eve genau wisse, wie sie mit sich umgehe. Die Erfahrung musste sein, meint sie, sonst wisse Eve ja gar nichts über Absturz und Verzweiflung. Grenzen ausgetestet habe sie. Doch ihr unkontrolliertes Benehmen kommt ihr in der Schule nicht zugute. Sie muss sich beweisen und bekommt abwertende Urteile. Sie spürt das Vorurteil der Lehrer und gerät in einen diffusen Zustand von sich auflösender Bequemlichkeit.

Es ist Frühling, mild und duftend. Die Zwischenprüfung beginnt. Eve spürt, dass sie keine Rolle im Griff hat. Sie hat nicht viel vorbereitet, verlässt sich einfach auf den Moment. Die Schüler der Oberstufe sitzen im Publikum und zerreissen ihren Auftritt. Im Dunkeln des Zuschauerraums finden sie kritische Worte und zerhacken Eves Spiel gnadenlos. Wie Raubvögel, die auf einen Jungvogel einhacken, mit ruckartigen Halsbewegungen, funkelnden Augen und spitzen Schnäbeln. Für das nächste halbe Jahr ist sie nun weiter im Provisorium, muss sich beweisen, damit sie zu Ende studieren kann.

Sie legt sich ins Zeug im dritten Halbjahr der Ausbildung. Sie arbeitet an sich und den Rollen, überzeugt in ihrem Engagement, sodass ein Student aus der gleichen Ausbildungsklasse äussert, wenn Eve von der Schule fliege, gehe er auch, denn dann wäre etwas faul und er sehe sich am falschen Ort. Eine rotgelockte junge Frau aus Österreich und ein dicklicher Mann aus Basel sind ebenfalls im Provisorium und bangen um ihren Ausbildungsplatz. Eve solidarisiert sich mit dem jungen Mann, den sie von Anfang an gemocht hat. Er ist ein humorvoller Kauz, der gerne kocht und zu Diners einlädt, wo antike Gerichte nachgekocht werden, zeitgemäss in alten Pfannen und Schüsseln serviert. Stilvoll trägt er die knusprigen Fasane, deren Federn die Tischdekoration bilden, auf Silberplatten herein und stellt sie sorgfältig auf den langen Holztisch. Es gibt Nachmittage, an denen Eve mit ihm in seinem Zimmer der Wohngemeinschaft abhängt. Den Anfang macht etwa der Kauf eines Cervelats beim Metzger, was zu Fressorgien anregt, die wollüstig zelebriert werden. Es tut gut, sich gehen zu lassen, seiner Gier zu gehorchen, die Schule und die strengen Lehrer zu vergessen, am Boden auf weiche Kissen gelagert zu schwatzen, träumen, tratschen, bis es draussen dunkel wird. Eve verspricht ihm, die Schule mit ihm zu verlassen, wenn er rausfliegt. Eve glaubt im Grunde nicht, dass es möglich ist, Schüler einfach wegzuschicken. Die strengen Anforderungen des Schauspielberufes fordern allerdings Opfer. Eve wird definitiv aufgenommen, die beiden anderen müssen gehen. Sie schämt sich, nicht Wort zu halten, was die beiden ihr vorwerfen. Sie freut sich zu sehr auf die weitere Ausbildung, obwohl sie schon andere Möglichkeiten geprüft hat. Sie schaut den jungen Basler betreten an, es ist ihr nicht recht und seine Vorwürfe treffen sie. Sie empfindet sich als steinern, wie sie ihm gegenübersteht, in sein verzweifeltes Gesicht schaut. Doch die Vernunft siegt und die Bequemlichkeit. Sie wüsste doch nicht, wo sie hingehen könnte, um die Ausbildung weiterzuführen, die nicht staatlich wäre und sie keine Subventionen mehr erhielte. So verliert sie einen Freund, der viel von ihr hielt und sie von jetzt an nicht mehr kennt und nicht mehr grüsst. Er eröffnet bald darauf erfolgreich einen kleinen Lebensmittelladen in der Altstadt, der seinen Namen trägt.

An sonnigen Nachmittagen wird das Rollenstudium im Rhythmik-Saal durchgeführt, einem durch grosse Seitenfenster zur Gasse hin lichten Saal mit Holzboden und Ballettstange. Ein Gedicht soll vorgetragen werden. Der Lehrer liebt die alten Balladen, die knapp und heroisch Bilder und Gefühle ausdrücken, dramatische Geschichten auf Leben und Tod. Er nimmt sich Zeit für jeden Vortrag, springt von Reim zu Reim, vertieft seine Kritik mit Beispielen. Man hofft auf die Pause, ermüdet ein wenig, ob der strengen Akribie des Lehrers. Eve ist leicht abgelenkt und lässt sich verleiten, die anderen heimlich zu beobachten. Ein niedlicher Junge mit Struwwelhaaren, grossen, hellgrünen Augen, schmalem, hübschen Gesicht zieht ihre Aufmerksamkeit auf sich. Er lässt sich nichts anmerken. Elegisch-breite Verse lösen Visionen aus von Ferne, Burgen, zerklüfteten Landschaften, grausamen Königen, bleichen, geisterhaft schönen jungen Frauen, die heldenhaft ihre verbrennenden Füsse im Feuer betrachten. Eve sieht die Gedichte bildhaft vor sich und springt zwischen dem Vorgetragenen und dem jungen Mann am Ende der Stuhlreihe hin und her. Der junge Mann wird für Eve so interessant, dass sie nicht mehr zuhört, sich ganz der aufkeimenden Sympathie widmet, die in den Wunsch mündet, ihn kennenzulernen. In der Pause schaut sie auf die Füsse des Mannes. Sie stecken in Holzsandalen mit weissen Querriemen. Auf der einen Seite steht ein Satz, der Eve noch mehr einnimmt für seinen Träger: «Wenn nur etwas käme und mich mitnähme.»

Wenn Eve auf der Terrasse eines Restaurants sitzt und eine Tasse Kaffee trinkt, sitzt ihr Liebesobjekt, auf das sie sich bald so sehr fixiert, dass ihm der erste Gedanke des Tages gehört, genüsslich an seinem Glas Bier nippend, im Gartenlokal auf der gegenüberliegenden Seite der breiten Gasse. Seine hellen Haare leuchten und korrespondieren reizvoll mit der Farbe des Getränks. Sie glaubt, er spüre nicht, dass sie ihr Augenmerk auf ihn gerichtet hat. Ein Blick aus seinen grün funkelnden Augen, blitzschnell und gleich wieder weg, erhascht sie mit Freude und ist einige Stunden erfüllt davon. Einmal wird sie eingeladen zu einem Nachtessen auf dem Land, wo auch ihr Schwarm dabei ist. Ihre Kollegin ist sehr attraktiv und weiss genau, wie sie ihre Reize wirkungsvoll einsetzt. Eve ist dagegen eine wahre Unschuld, irritierbar und tollpatschig. Es gibt eine feine Landrösti in einem uralten Bauernhaus, wo die Freundin wohnen darf. Der junge Mann benimmt sich angenehm, zuvorkommend und schlägt die Sahne mit viel Geduld. Er kichert oft, macht launige Bemerkungen, die bei Eve gut ankommen. Doch wirkt er unnahbar und erinnert sie an einen Onkel mütterlicherseits, der sie, als sie noch klein war, mit Schalk in den Augen ansah, sie Evikus nannte. Auf der einen Seite ist Eve voll von sich überzeugt und meint, dass die von ihr Ausgewählten nur auf ihr Interesse gewartet hätten. Auf der Rückfahrt fährt sie der junge Mann mit dem Auto nach Hause. Er spricht in schwärmerischen Tönen von ihrer Kollegin, was Eve erstaunt. Sie hat das Gefühl, dass er und sie füreinander geschaffen sind. Ihre intensiven Gefühle müssen ihrer Meinung nach erwidert werden. Sie sitzt auf dem Autositz und betrachtet ihn von der Seite her. Der handgestrickte Pullover fällt ihr auf. Er hält ihn bestimmt warm, denkt sie. Doch die Wärme dringt nicht bis zu ihr durch. Sie will ihre Liebe offenbaren. Vor ihrem Wohnhaus beginnt sie mit einer stockenden Liebeserklärung, die klar und ungeschönt aus ihrem Mund purzelt. Er schweigt. Starrt vor sich hin. Sie hilft ihm und findet Worte für ihn. Ob es zu viel für ihn sei, da sie die gleiche Klasse besuchten. Ob es zu plötzlich für ihn sei und er Bedenkzeit brauche. Er ist dankbar für ihre Hilfe und meint, dass es ihm wohl zu viel sei und auch zu nah. Er schweigt wieder und sie verabschiedet sich betreten und unsicher. Befreit fühlt sie sich dennoch, befreit von ihrem ausschliesslichen Denken und Tagträumen. Die Unterrichtsstunden bekommen für sie ein anderes Gesicht. Wenn sie auf der Bühne steht, erträgt sie seinen Blick nicht und malt sich seine kritischen Gedanken zu ihr aus. Sie wird immer gehemmter, ist froh, als er die Ausbildung vorzeitig abbricht und von einem Tag auf den anderen nicht mehr zur Schule kommt.

Eve übt Vorsprechrollen für die Abschlussprüfung ein. Anderthalb Jahre wird an den gleichen Rollen gearbeitet, als hätten die Lehrer selber Angst vor der Prüfungskommission. Eine Schüleraufführung in einem Kellertheater, wo Eve ein junges Mädchen spielt und eine ältere Klatschbase, ist sehr erfolgreich, erhält gute Rezensionen. Das Theater ist bei jeder Vorstellung ausverkauft. Eve wird übermütig während des Spielens und als sie merkt, wie sie Lachsalven auslöst, wird sie ausufernder in den Teilen, die improvisiert sind. Sie haut noch einen drauf, was der Lehrer ihr nach der Vorstellung warnend mitteilt. Dadurch wächst ihre

Selbstkritik und sie arbeitet an sich. Lacher aus dem Publikum verführen und verleiten zum Übertreiben. Eve liebt es, im Rampenlicht zu stehen und sich vor einem tobenden Publikum artig zu verneigen. Das ist Eves erste Erfahrung vor Publikum, die sie auskostet. Ihre Kollegin spielt eine attraktive, junge Strohwitwe, die vom Einkaufen kommt und während sie auspackt, von einem geheimnisvollen Mann schwärmt. Einem Zigeuner, den sie auf der Strasse gesehen hat. Sie fragt sich laut, ob er einen Schnauz getragen habe oder nicht. Hat er einen Schnauz gehabt? Ein reizvolles Selbstgespräch vor Publikum, das sehr amüsiert reagiert. Die junge Frau, die immer wieder betont, wie sehr sie Eve mag, ist die Tochter eines Komponisten und kennt Künstlerkreise seit ihrer Kindheit. Sie weiss sich darzustellen, kennt die Wirkung ihrer Augen, wenn sie lang und schmachtend ins Leere schaut. Sie schöpft ihre jugendliche Schönheit voll aus, kleidet sich reizvoll, klagt nie über Geldnot, hat einen Verehrer nach dem anderen. Sie nennt Eve, der sie Liebesbriefe schreibt, ihren Felsen in der Brandung, was Eve erstaunt. Die Mutter warnt Eve vor den Tücken konkurrierender Frauen. Sie nennt die Kollegin und bezeichnet sie als intrigant und undurchschaubar. Eve ist gutgläubig, ist wütend über solche Meinung und doch beeinflusst. Sie erzählt ihrer Mutter jedes Detail ihrer Gespräche, Begegnungen. Die Mutter deutet alles und gibt Eve Ratschläge und Erklärungen über Verhaltensweisen,

Reaktionen und Aussagen. Spornt sie an, zu sich zu stehen, sich nicht irreführen zu lassen. Doch Eve durchschaut nichts und niemanden. Sie glaubt das, was ihr die Menschen erzählen, glaubt an ihre Ehrlichkeit. Einen falschen Hund würde sie doch sofort erkennen. Gerade die harmlos und nett wirkenden Leute enttäuschen Eve, lügen sie an, versuchen Vorteile aus ihrem arglosen Wesen zu ziehen. Sie merkt es nicht, bis die Mutter sie darauf aufmerksam macht. Eve spaltet sich auf in die naiv Erlebende und die von ihrer Mutter Belehrte. Sie meint morgens, bevor sie zur Schule geht, alles besser zu wissen und kommt abends voller Eindrücke nach Hause, die zusammen mit der Mutter analysiert und besprochen werden. Eve fällt immer wieder vom Mond herunter, erkennt durch die älteren Augen der Mutter psychische Realitäten des gesellschaftlichen Durchsetzens, des Egoismus, der Intrige, der Verführung. Die Mutter macht Eve ihre Wehrlosigkeit bewusst, zählt Möglichkeiten zur Selbstbehauptung auf.

Bestärkt durch die erfolgreichen Stunden bei ihren Lehrern, hat Eve ein gutes Gefühl für die Schlussprüfung. In der Unterrichtsstunde spielt sie leichtfüssig und temperamentvoll die Marthe Rull aus *Der zerbrochene Krug* von Heinrich von Kleist. Der urwüchsige Lehrer, der ihr diese Rolle vorgeschlagen hatte, freut sich und fühlt sich für Eves Prüfung siegessicher. Trotzdem wächst die Spannung.

Die Schülerinnen üben viel. Der Hauptlehrer schlägt Eve am Vortag der Prüfung vor, noch ein Lied vorzubereiten. Eve lässt sie sich überreden und hat Spass am Einüben des frivolen Liedes aus den Dreissigern. «Ich bin von Kopf bis Fuss auf Liebe eingestellt», singt sie immer wieder. Ihr Talent zur Komik wird sichtbar, lustvoll spielt sie den kühlen Vamp.

Andächtig sitzen die Juroren vor den Abschlussprüflingen und Eve fühlt sich in einer Wolke, die sie trägt und gleichzeitig ihre Sicht und Klarheit vernebelt. Sie beginnt mit einer Version der Maria Stuart, die ein intellektueller Schriftsteller szenisch verarbeitet hat und scheitert. Nichts ist klar, alles aufgesetzt, künstlich, abgetrennt von Eve. Eine Improvisation mit zwei anderen, die einmal vor Leben und Spannung sprühte, ist nicht mehr zu beleben, alles wirkt gemacht. Die Szene der Fischweiber aus Brechts Theaterstück hat jede Überzeugungskraft eingebüsst und Eve spürt es nicht einmal. Sie trifft in der Pause einen der Juroren, einen erfolgreichen Schauspieler. Er nimmt sie zur Seite und sagt ihr, sie habe eine grosse Begabung, doch müsse sie aufpassen, nicht allzu äusserlich zu werden, das Innenleben der Figuren zu finden. Eve ist irritiert, da sie selbst nicht spürt, was an ihrem Vorspiel fragwürdig gewesen ist. Die Rollen wurden so lange eingeübt, anderthalb Jahre, Eve hatte sie doch im Griff. Nach der Pause spielt sie Szenen aus dem Abschlussstück, die sehr authentisch sind und von zwei Schauspielern des örtlichen Theaters begeistert gelobt werden. Und das Lied, in letzter Sekunde eingeübt, ist ein Riesenerfolg, sie freuen sich, kugeln sich vor Lachen. Damit hat Eve die Prüfung gemeistert. Sie nagt an der Kritik und mag niemanden mehr anschauen. Ihre Stimmung ist gedrückt, zumal ihre zwei Kolleginnen mit schmeichelnden Worten bedacht werden für ihre Leistungen. Eve verbeisst sich in sich selber aus Enttäuschung. Sie hat nicht das geliefert, was sie hätte zeigen können. Warum an diesem Tag? Der Hauptlehrer redet plötzlich ganz anders vor der Jury, als hätte er Eve vor der Tendenz zum Äusserlichen, dem Hülsenhaften immer gewarnt. Eve weiss, dass seine Aussage nicht wahr ist, dass er sie oft in den höchsten Tönen gelobt hatte. Niemals hatte er sie so kritisiert. Sie ist schockiert, wie gelähmt und entgegnet nichts. Sie ist entsetzt vom unsolidarischen Verhalten des Lehrers, der vor den Juroren buckelt und Eve voll und ganz für das Misslingen des einen Teils ihres Vorspielens verantwortlich macht. Ihr Abschlussdiplom ist ihr sicher und der urwüchsige Lehrer schweigt und sagt ihr später, dass er fest an ihre Zukunft an einem Theater glaube.

Im Synchronstudio in der Nähe ihres Wohnortes darf Eve für drei Monate ein Praktikum antreten als Synchronsprecherin eines bekannten Kinderfilmes. Zusätzlich soll sie die anderen Sprecher betreuen. Zwei Kinder sind dabei und deren Mütter. Der alte Chefcutter mit schlohweisser Mähne, edlen Gesichtszügen, rötlicher Haut, freut sich auf Eve. Er spannt sie so ein, dass sie oft erst spät abends nach Hause kommt. In Pausen, die er sich und Eve gönnt, öffnet er die zweitunterste Schublade seines Schreibtisches und schenkt sich aus einer Schnapsflasche ein Gläschen ein. Er brüstet sich vor ihr mit früheren Erfolgen im Filmschnitt. «Der Starcutter» sei er genannt worden. Eve hört ihm gerne zu. Ihre Aufgabe ist das Zuhören. Dann sitzt sie in der kleinen Kabine vorne im Kinosaal und spricht ihren Text im Dialekt, der genau auf den originalen Ton passen muss. Die Melodie, der Rhythmus ist wichtig, das Tempo ebenfalls. Immer wieder wiederholt sie den gleichen Satz, bis ihre Stimme aus dem Mund der Filmschauspielerin kommt, was ein seltsames Gefühl in Eve auslöst. Mittags geht das ganze Team, das aus Tontechnikern, Cutterinnen, Bürogehilfinnen, männlichen und weiblichen Synchronsprechern besteht, in die traditionsreiche Gastwirtschaft zum Mittagessen. Die Mutter der beiden kleinen Hauptdarsteller ist ebenfalls dabei, eine einfache, ländliche Frau in den Vierzigern. Der grosse Tontechniker mit Glatze redet mit der Mutter und Eve denkt bei sich, dass die beiden zueinander passen könnten, obwohl sie verheiratet sind. Sie bemerkt nicht, dass sie selbst der Mittelpunkt seiner Aufmerksamkeit ist, seit dem Beginn ihrer Tätigkeit im Studio. Als er sie zum Abendessen einlädt, nimmt sie an, obwohl er ihr gar nicht gefällt. Die Aussicht auf ein feines Nachtessen und interessante Gespräche sind verlockend. Warum denn nicht, sagt sie zu ihm.

Nachtessen mit dem verheirateten Tontechniker im malerischen Städtchen am See. Ein grossbürgerliches Speiserestaurant mit roten Läufern wie Stege im Wasser. Eve ist der Ansicht, dass der Weg zum weissgedeckten Tisch am Fenster sehr lange ist. Sie gerät ein klein wenig aus dem Gleichgewicht. Auf ungeschickt steife Art komplimentiert der Mann Eve zu ihrem Sitzplatz und betrachtet sie, als sie sich niederlässt, eingehend. In seinem weissen Hemd wirkt er vornehmer als im karierten, welches er meist trägt. Seine Haare sind ihm ausgegangen, er sieht etwas langweilig aus. Doch Eve spürt seine Schüchternheit und geniesst den verliebten Blick. Er ist nicht dumm, hat eigene Ansichten, bewundert Jazzmusiker. Sie fragt ihn aus, wie er lebt. Verheiratet, ein achtjähriger Sohn, eine hübsche Frau, der er nichts mehr zu sagen hat. Sie ihm wohl auch nicht. Ein Kellner in Schwarz bedient sie. Eve fühlt sich geschmeichelt, geniesst die Vorspeise, das zarte Filet, die Beilagen. Danach fährt er sie nach Hause. Eve lässt sich gern chauffieren und bleibt vage in ihren Aussagen. Ob sie das bald wiederholen wolle, fragt er sie. Ja, gerne antwortet sie und freut sich, aussteigen zu dürfen, in der Wohnung der Mutter Schutz zu finden.

Die Mutter schläft nicht, obwohl es spät ist. Sie ist neugierig, was Eve erlebt hat. Eve plaudert kurz mit ihr, freut sich am nächsten Tag detailliertere Auskunft zu geben. In ihrem antik eingerichteten, prachtvollen Zimmer liegt sie noch lange wach. Unschlüssig mit sich selbst. Die grosse Liebe ist er nicht, das weiss sie genau. Ist er ihr Opfer? Eine Katze spielt mit der Maus. Eve spürt Macht und Lust auf Macht.

Die Einladungen wiederholen sich. Die Restaurants gehören zu den besten. Eve wird wütend, als er vorschlägt, in einer Pizzeria essen zu gehen. Fischessen am See. Der Tontechniker hat da einen Bekannten mit Ferienhäuschen. Dorthin lädt er Eve nach dem Essen ein. Der Fisch schmeckt köstlich. Eve zieht das Essen hin. Sie spürt seine Gier und ist nicht verliebt, in keiner Weise. Bis jetzt geschah nicht viel zwischen den beiden. Eve benimmt sich wie eine Jungfrau, prüde, ängstlich in Sachen Erotik. Sie gibt ihm das Gefühl, dass sie verletzlich und unschuldig sei. Als sie beim Ferienhaus ankommen, muss er zuerst den Wasserhahn im Keller aufdrehen. Der Freund hat ihm alles genau beschrieben. Sie müsse dringend aufs Klo, erklärt Eve leicht ungeduldig. Er verliert die Nerven, seine Stimme ist dünn, flatterig. Eve ist froh, dass er nicht über sie herfallen kann. Sie wird immer ruhiger. Er zeigt ihr das Bett. Das Wasser läuft, der Mann verkündet es mit triumphierender Stimme. Eve pinkelt und zieht die Spülung. Dann zieht sie sich nackt aus und legt sich aufs Bett. Der Tontechniker sieht Eve auf dem Bett liegen. Der Kiefer fällt ihm herunter. Er ist gelähmt von ihrem Anblick. Er zieht sich hastig die weisse Hose aus, das Hemd, das den wachsenden Bauch halbwegs verdeckt hat. Er legt sich zu ihr und beginnt sie zu streicheln. Eves Fleisch wird zu Marmor, kalt, hart, schimmernd im Abendlicht, das ihren Körper vom kleinen Fenster her anleuchtet. Sie schaut ihn mit grossen Augen zum ersten Mal richtig an. Ohne Brille sieht er verändert aus, seine grünbraun gesprenkelten Mandelaugen fallen ihr auf. Ein Wunder geschieht, sein Penis steht nicht. Schlaff, klein, weiss, ein versagendes Anhängsel. Er beteuert hilflos, dass das sehr komisch sei. Er begehre sie so sehr. Er wisse nicht, was mit ihm geschehen sei. Eve redet liebevoll auf ihn ein. Er fühlt sich als Versager und Eve ist froh, verschont geblieben zu sein. Warum will sie immer mit ihm essen gehen. Die Lust mit ihm körperlich zusammen zu kommen, war von Anfang an nicht da. Sie fühlt sich ihm gegenüber schuldig wegen der vielen Einladungen zum Essen. Sie mag ihn, ist irgendwie interessiert an ihm, doch die körperliche Anziehung fehlt. Er schweigt auf der Heimfahrt, bittet sie später um Vergebung. Sie beruhigt ihn und erzählt dann alles ihrer Mutter.

Eve will nach einigen vielversprechendes Vorsprechen nach Berlin reisen. Sie ist enttäuscht vom Theaterleiter eines kleinen süddeutschen Theaters, der voll Begeisterung beteuerte, dass er gerne mit ihr arbeiten würde, ihr Spiel spannend finde. Ein Anruf von ihm, die Unterstützungsgelder der Stadt seien ausgeblieben, folglich sähe er keine Möglichkeit, sie anzustellen, stürzt Eve in tiefe Verzweiflung. An den städtischen Bühnen, wo sie vorspricht, besteht das Auswahlgremium aus Regisseuren und Schauspielern und dem sehr alten Oberspielleiter, dessen Stimme das Zünglein an der Waage ist. Pech für Eve. Einer der Regisseure redet mit Eves Mutter, als diese auf dem Heimweg ist. Er finde es sehr schade, wie gerne hätte er mit Eve gearbeitet. Auch die anderen seien für Eve gewesen. Der Intendant habe nun einer viel braveren, in seinen Augen langweiligen Schauspielerin den Vorzug gegeben. Eve ist ungeduldig, will ihr Schicksal selbst in die Hand nehmen, das Glück in Berlin versuchen, der Brutstätte freier Truppen, die Eve schon während der Schulzeit als ihr eigentliches Ziel gesehen hat.

Eves selbstbewusste Freundin aus der Schauspielschule befindet sich in Berlin, wo Eve hinreisen will. Sie ruft sie an und teilt ihr eine Adresse mit, wo Eve wohnen könne. Sehr nette Theaterleute, die sie anlässlich eines Brunchs auf der Strasse kennengelernt habe. Sie könne dort günstig ein Zimmer in einer grossen Altwohnung in Charlottenburg beziehen. Eve nimmt das Angebot an. Nach langer Zugfahrt trifft sie spät nachts am Berliner Bahnhof Zoo ein.

Sie wird abgeholt von einer schlanken, hübschen, jungen Frau, die nervös auf Eve einredet. Sehr lebhaft und freundlich heisst sie Eve in der Wohnung willkommen. Eve staunt über die prachtvolle Grösse der Wohnung, die etwas heruntergekommen wirkt und nach Katzenurin stinkt. Es habe vor ihnen eine alte Frau darin gewohnt, die Katzen hielt, bis sie ins Altenheim zog. Im Griff hätte sie das mit den Tieren nicht mehr gehabt. Der Gestank sei kaum rauszubekommen. Sie und ihr Freund, den sie mir gleich vorstelle, hätten die Wohnung renoviert, doch eine Überschwemmung durch die Waschmaschine im oberen Stock habe alles zunichte gemacht, die Farbe sei wieder abgeblättert und deshalb sehe es jetzt so aus. Die Nachbarin habe alles stehen und liegen lassen und sei, hochschwanger, ins Krankenhaus gebracht worden. Die junge Frau zeigt ihr die Wohnung und will ihren Freund vorstellen. Er liege krank im Bett. Er sei Schauspieler und Schriftsteller und öfters krank. Sie treten in das Zimmer und Eve sieht einen braun gelockten Mann im Bett liegen und als er sie anschaut, ist sie betroffen. Vertraut und urwüchsig trifft sein Blick sie. Eve ist sprachlos, schaut ihn nur an. Sie hat noch nie einen so schönen, eigenwilligen Burschen gesehen. Klar, er ist vergeben an die nervöse, blonde, junge Frau, die liebevoll und etwas mahnend auf den Bettlägerigen einredet. Sie nennt ihn beim Kosenamen und zeigt Eve, wo sie sich einrichten kann, ein Durchgangszimmer, wo ein prächtiger blau-gelber Kachelofen steht. Ein paar Wochen später wird sie bemerken, dass der Ofen schlecht heizt, der Rauch drückt sich ins Zimmer. Irgendwo sei ein Spalt, deshalb könne auch kein Kaminfeger etwas ausrichten.

Eve fühlt sich schnell heimisch. Die junge Frau teilt ihr mit, dass sie in einer entfernteren Stadt eine Stelle als Dramaturgin antreten werde. Eve werde also die Wohnung mit ihrem Freund teilen und auch die Hälfte der Miete bezahlen. Hoch ist sie nicht. In den nächsten Tagen läuft Eve rastlos durch Berlin, trifft ihre Kollegin, die ihr vorschwärmt, wie viele berühmte Regisseure sie schon kennengelernt habe. Clooney zum Beispiel, ein weltbekannter Theatermann der Avantgarde. Sie habe Aussicht, mit ihm zu arbeiten. Sie laden den Mann aus Eves Wohnung zu einer Apfelröschti ein. Rainer heisst er. Im dunkelblauen, schweren Kapuzenmantel steht er vor der Tür mit funkelnden Augen. Er habe schon mal Rösti gegessen, das sei was Feines, ob es denn Fleisch oder Wurst dazu gebe. Etwas enttäuscht isst er die süsse Schweizerspezialität. Danach hat er noch in der Stadt zu tun. Rainer ist verschwiegen und oft stundenlang ausser Haus. Einmal schliesst er Eve aus, da ihr nur ein Schlüssel der Wohnungstür ausgehändigt wurde. Die misstrauische, alte Bewohnerin liess aber ein zweites Schlüsselloch anbringen, doch fehlten genügend Schlüssel dazu. Eve wartet stundenlang in der untersten Wohnung bei einer jungen

Frau mit langen schwarzen Haaren, undurchsichtigem Blick und Riesen-Brüsten. Sie schaut in den Hof hinaus. Das Haus ist in ein typisches Hinterhaus, wie es viele in Berlin gibt. Erreichbar durch einen Durchgang im Vorderhaus. Weisse, abblätternde Briefkästen für beide Häuser sind hier angebracht. Ob sie eigentlich wisse, was Rainer die ganze Zeit treibe, fragt die junge Frau. Er klappere die Kneipen ab und trinke Bier. Eve ist perplex. Sie ist sauer auf Rainer, dass er sie vergessen hat und überlegt sich, wie sie ihm ihren Ärger mitteilen soll.

Endlich hören sie die Haustüre zuschlagen. Da ist er, sagt die Frau wie nebenbei. Eve solle ihm eine Lektion erteilen. Eve verabschiedet sich dankend und steigt über die knarrende Holztreppe zur Wohnung im ersten Stock. Sie klingelt stürmisch. Es dauert, bis Rainer die Türe öffnet. Misstrauisch schaut er auf Eve. Er mustert sie unsicher mit weit offenen, sehr blauen Augen. Oh, er habe es vergessen, das sei wirklich blöd und reine Gewohnheit, dass er beide Schlösser abschliesse. Eve ist etwas irritiert und immer noch leicht verärgert. Doch er verzieht sich still und leise in sein Zimmer. Am nächsten Tag, als Rainer weggegangen ist, gibt Eve ihrer Neugier nach, öffnet die Tür seines Zimmers, geht hinein. Sie ist fasziniert von unzähligen Fotos aus Illustrierten an den Wänden. Tote Schweine auf dem einen, ein Erhängter auf dem anderen. Fratzen, die sie anstarren, Landfrauen, die aus irgendwelchen Gründen porträtiert wurden. Armut und Not überall auf den Bildern. Ein Arm, der mager zum Himmel zeigt, Texte anarchisch, brutal. Auf dem Tisch steht eine alte Schreibmaschine. Daneben viele getippte Texte mit kompliziertem, dunklem, teils boshaftem Inhalt. Nachdenklich begibt sie sich in die Küche, kocht sich einen Kaffee und plant ihren Tag. Sie will sich überall, wo es möglich ist, vorstellen. In der Schauspielagentur meldet sie sich an und wird noch am selben Tag zu einem Treffen eingeladen, darf vorsprechen. Sie sei wirklich ein Theatertier, sie gehöre auf die Bühne, ist das Urteil der beiden Frauen dort. Sie würden ihr sobald als möglich Vorsprechtermine zukommen lassen.

Eve spricht in einem Kindertheater vor, improvisiert einen Nachmittag mit den Schauspielern, die sie danach anlächeln. Eve ist unsicher und glaubt nicht an eine Anstellung. Doch als sie gar nicht mehr damit rechnet, teilt ihr die Nachbarin der untersten Wohnung mit, dass sie mehrere Male am Telefon verlangt worden sei. Sie müsse Eve ausrichten, dass das Kindertheater sie gerne engagieren würde. Zu spät, Eve kann nicht einmal darauf antworten. Zu sehr ist sie schon mit anderem beschäftigt. Ein Engagement in der ältesten freien Theatertruppe Berlins ohne Bezahlung, doch sicher in nächster Zeit mit Gage. Eve ersteigt die endlose, rundlaufende Eisentreppe im Fabrikturm, gelangt zuoberst in eine riesige Etage, wo die Theatertruppe sich gemütlich eingerichtet hat. Sie proben ihre Stücke auf einer grossen Bühne, die aus einfachen Brettern zusammengezimmert wurde. An die dreissig Leute, die eifrig über ihr neustes Stück diskutieren, das fortlaufend geschrieben wird. Der rotwangige Schriftsteller mit hellbrauner Lockenpracht verteidigt hartnäckig die neusten Szenen. Die Truppe hat Mitspracherecht bei seinem Stück. Eve wird anfangs recht hochnäsig behandelt und tut sich schwer mit vorlauten jungen Männern und Frauen, die sich verbal überzeugend in Szene setzen. Sie spürt trotz Demokratie ein Machtgefälle. Sie sieht zu, wie geprobt wird, ist kritisch und unsicher. Ein paar Wochen fühlt sie sich unter Druck. Dann soll sie vor all den kühlen, beurteilenden Leuten eine Improvisation zeigen, um ihr Können zu beweisen. Ihre Aufgabe besteht darin, aus dem Leben als Prostituierte zu erzählen und das so glaubwürdig wie möglich. Eve ist aufgeregt, ihr Herz schlägt im Hals. Sie beginnt und ist ganz schnell in ihrer Geschichte drin. Reaktionen ermuntern sie und danach bekommt sie stürmischen Beifall. Eine Wohltat nach der langen Durststrecke. Danach ist der Bann gebrochen. Sie soll spielen und in drei Rollen gleichzeitig glänzen. Sie ist nun die meistbeschäftigte Akteurin im neuen Stück

Der Schriftsteller bittet sie um ein Rendezvous. Er habe sich in sie verliebt, sagt er ihr, als er am braun glänzenden

Kneipentisch ihr gegenübersitzt. Er verstehe es selbst nicht. Er habe bis jetzt ein ganz anderes Frauenbild gehabt. Schwarze Haare, süsses Gesicht, schlanke Figur. Eve sei nichts von alldem und trotzdem habe er sich heftig verliebt. Eve geniesst seine Anbetung. Sie kann von sich nicht dasselbe behaupten. Ein ehrlicher, kluger junger Mann voller Dichtereifer, doch Eve kommt innerlich nicht mehr von Rainer los. Wenn sie beim Frühstücken in seine wasserblauen Augen schaut, wenn er sie über ihr Leben, ihre Interessen ausfragt, stammelt sie. Sie will Rainer beeindrucken, zeigt ihm ihre Gedichte, die ihm gefallen. Ihre Schauspielkollegin hatte ihm schon von ihren poetischen Texten erzählt. Rainer macht sich in unflätiger Weise lustig über den Regisseur der Theatertruppe, in der Eve arbeitet. Er sei ein rothaariger, hässlicher Zwerg, der in den Backofen gesteckt und geröstet werden sollte. Eve starrt ihn an, ist perplex über so viel Überzeugung, Bosheit und Wut. Sie erkennt ihr eigenes Wesen in Rainers. Auch sie ist heftig in ihren Reaktionen. Doch nie so selbstsicher. Ist er wirklich so sicher? Sie durchschaut ihn nicht. Abends telefoniert Rainer mit seiner Freundin. Er sehnt sich nach ihr, plaudert mit Eve über sie, wie er sie vermisse.

Oft sind sie zu zweit in der grossen, alten Wohnung. Er schliesst auf einmal die Tür seines Zimmers nicht mehr. Eve tut es ihm gleich. Sie wohnt ja im Durchgangszimmer zum

Schlafzimmer der beiden. Doch Rainer schläft nur noch in seinem Arbeitszimmer, seitdem seine Freundin weg ist. Eve hört auf jedes Geräusch von ihm, das Knistern von Papieren, das Räuspern, das Schweigen. Sie fühlt sich ihm nahe, spürt ihn. Dann geht er plötzlich aus der Wohnung, ohne sich von ihr zu verabschieden, und kommt erst spät in der Nacht oder am anderen Morgen zurück.

Eve betrachtet die hellblauen Kacheln des riesengrossen Ofens, farbig glasiert, mit bemalten und plastisch ausgestalteten Szenen und Girlanden. Kühlere Tage lösen den warmen September ab, der blaue Himmel über Berlin spannte. Eve friert in ihrem Zimmer. Sie legt Holzscheite ins Ofenloch, zündet sie an, so wie man es ihr gezeigt hat, doch der blaue Rauch zieht nicht ab, bleibt im Zimmer hängen, trotz offener Fenster. Der Ofen bleibt kalt. Rainer sagt zu ihr, dass der Ofen wahrscheinlich einen Spalt habe. Er bemüht sich das Feuer zu beleben, doch nach einer halben Stunde qualmt es wieder. Es stinkt durchdringend nach Rauch in der ganzen Wohnung. Lächerlich, ein so grosser Ofen, der keine Wärme abgibt, denkt Eve, nicht einmal ansatzweise.

Eve trifft einen jungen, attraktiven Mann wieder, den sie ganz am Anfang an einem Tanzabend in der Gastwohnung der Schauspielkollegin kennengelernt hat. Er hat das lange, blonde Haar zu einem Pferdeschwanz zusammengebunden, wirkt kühn und kräftig und sehr schwedisch. Er gefällt ihr, ein Rendezvous wird abgemacht. Sie schlendern durch Berlin. Er will mit ihr Strassentheater machen und herumziehen. Übermütig hüpfen sie auf dem Trottoir herum, geblendet vom Licht der Schaufenster, schauen sie einander in die Augen und verlieben sich gleichzeitig. Eve küsst den jungen Mann und es fühlt sich gut an. Er lädt sie zu sich nach Hause ein. Eve verschiebt die Einladung auf den nächsten Tag. Davor setzt sie sich auf die Terrasse eines Restaurants am Fluss und isst einen grossen Teller schwarzer Muscheln an Tomatensauce. Sie geniesst das weisse, muskulöse Fleisch und schluckt es mit Behagen hinunter. Dann steht sie vor dem Haus, in dem er wohnt, sucht den Klingelknopf, drückt darauf. Sie begrüssen sich beinahe vertraut. Eve begutachtet die Einrichtung seiner Wohnung und stellt fest, dass alles behaglich wirkt. Sogar die Teekanne, die Tassen sind ihr gleich vom ersten Moment an lieb. Der junge Mann schaut sie lange an und Eve ist bezaubert von ihm, folgt ihm zum Bett, ersehnt Körperlichkeit, leidenschaftlichen Sex. Sie fallen übereinander her, sie ist sofort berauscht und liebt ihr Fleisch, das sich an seinem reibt, sie fühlt einen unwiderstehlichen Sog zu ihm. Sie will sich ihm hingeben, obwohl die Vernunft sie warnt. Sie nimmt keine Pille. Immer wieder schiesst die Angst in ihren Kopf, doch der Leib will die Vereinigung, eins werden mit dem begehrten Fleisch des anderen. Doch knapp vor dem Höhepunkt stösst sie ihn weg und bekennt, dass sie keine Pille nehme. Das wirkt wie eine kalte Dusche. Er ist entsetzt, vor den Kopf gestossen, beschimpft sie. Sie bleibt hart und wird gleichzeitig unerbittlich nüchtern. Sie verlässt ihn, bittet ihn, ihr zu verzeihen. Sie sehen sich danach noch ein paarmal. Doch da ist sie schon mit Rainer zusammen, so sehr, dass keiner mehr dazwischenfunken kann. Der junge Mann schneidet sich die Haare ab und sieht plötzlich wie ein kleiner, braver Junge aus. Eve besucht ihn wieder, zuletzt mit Rainer, der ihn vor Eve herausfordert, ihn klein machen will. Er sei doch nichts, ein harmloses Bürschchen ohne Pläne, Ziele und Visionen. Der junge Mann, der Eve, wenn es ihr wegen Rainer schlecht ging, immer wieder getröstet, bewirtet, umsorgt hatte, senkt traurig den Kopf. Eve empfindet sich als hörig. Und ist es auch. Rainer bestimmt von nun an beinahe alles.

Eve geht nicht mehr zu den Proben der Theatergruppe. Sie entschuldigt sich nicht einmal. Es ist, als wäre die Zeit ausgewechselt. Nichts muss mehr eingehalten werden. Es gelten die Gesetze der Leidenschaft, des Verfallen-Seins. Lange Nächte in Kneipen, anregende Gespräche, Betroffenheit, hypnotische Nähe. Rainer ist ein funkelnder, wilder, geistreicher Mann, der Eve ganz in seine Welt holt. Ihre und seine Welt werden eine. Eine Glaskugel, in der die Gedanken und Gefühle, die Fantasien und verrückten Ideen herumwirbeln. Der Leiter der Theatertruppe meldet sich. In der Wohnung ist kein Telefon. Deshalb kommt er persönlich vorbei, wirft einen Brief in den Kasten. Ein Treffen soll's geben, mit Eve und allen Schauspielern. Am langen Tisch in der nahegelegenen Kneipe sitzt die Truppe um Eve und Rainer herum. Rainer ist betrunken. Der rothaarige Regisseur schimpft auf ihn, dass er schuld sei an ihrem plötzlichen Abgang. Er habe sie bezirzt, verführt, in Besitz genommen. Eve entschuldigt sich halb, sie findet es von sich selbst nicht richtig, die Truppe auf diese Art verlassen zu haben, doch zurück könne sie nicht mehr. Zu sehr sei sie im Bann von Rainer und den gemeinsamen Plänen mit ihm. Die Freundin des Regisseurs fragt Eve, was sie denn vorhätten. Eve erzählt vom Wandertheater, das sie mit Rainer aufbauen wolle. Sie schwärmt davon, sodass die Freundin des Regisseurs selbst funkelnde Augen bekommt und weich wird Eve gegenüber. Rainer kann sich kaum mehr äussern, zu besoffen ist er. Doch was er sagt, brüllt er mit Wucht und Urkraft in den Raum. Die Theatergruppe steht geschlossen auf, verabschiedet sich und geht. Eve ist erleichtert. Die Arbeit in der Gruppe hatte sie nicht ganz überzeugt. Es ging zu lehrhaft zu, irgendwelchen Gurus gehorchend, die neue Theatergesetze aufgestellt hatten, Meyerhold, Stanislawski, Brecht. Doch eigentlich herrschte Unsicherheit, der Regisseur hatte nicht genug Ausstrahlung, Theaterinstinkt und Mission, sodass die Schauspieler jeden Tag aufs Neue verunsichert und gleichzeitig überfordert waren. Eve beschliesst den Tag mit Rainer, dessen weit geöffnete, hellblaue, wässrige Augen siegesbewusst ins Leere starren.

Eve lebt von jetzt an ein Leben, das ihr behagt. Keine Termine, kein Druck, nur noch der Fluss der Zeit, das Bezogen-Sein auf Rainer, der sie so sehr fasziniert, dass sie ihn Tag und Nacht studiert, seinen wilden und obszönen Geschichten zuhört, ihm zusieht, wie er sich langsam und gründlich betrinkt. Das Bier in den mit kalten, Tröpfchen beschlagenen, grossen Humpen leuchtet dunkelgelb, macht begehrlich. Die Nacht draussen ist eine weiche Wand, hinter die sie nicht mehr schauen will. Rainer wird in den Kneipen als der schönste Charlottenburger bezeichnet, was Eve mit Stolz erfüllt. Bewundernd schaut sie auf seine braunen Locken, die blauen Augen in seinem interessanten, schmalen Gesicht. Sie sitzt stundenlang mit ihm an Holztischen vor immer volleren Aschenbechern. Er macht ihr den unglaublichen Vorschlag, sie solle für sie beide anschaffen gehen, da das Geld immer knapper werde. Eve verschweigt die drei Monatsgehälter, die noch auf ihrem Konto liegen. Ihr Schweigen hält nicht lange vor, bald bekennt sie Rainer, bis auf den Rappen genau, wie viel Geld sie angespart hat. Rainer hört begeistert zu. Eve verbindet ihren beruflichen

Ehrgeiz mit ihren Plänen, die sie und Rainer ausspinnen. Das Stück, das sie inszenieren wollen, nimmt jeden Tag mehr Gestalt an, die Fantasien entführen sie. Sie spüren sich sehr gut, ihre Lust und ihren Willen, ein Theater zu gründen. Ihre körperliche Leidenschaft ist heftig und geht mit Bissen und Schmerzen einher. Rainer steht dann plötzlich auf, legt Holz in den Steinplattenofen, das Feuer lodert ins Zimmer hinein. Eve schläft bis zum Mittag und tastet nach Rainer. Doch er ist weg, ausgegangen, hat sie im grossen, kalten Zimmer alleingelassen. Sie verspürt brennende Sehnsucht nach ihm und eine heftige Ungeduld, ihn nicht greifen zu können. Sie versteht nicht, warum er einfach weggegangen ist. Sie kann nicht mehr hinaus, sie ist seine Gefangene. Erst wenn er wieder zurückkehrt, beruhigt sie sich, lässt alles von ihm bestimmen. Sie hat Hunger, freut sich auf Spaghetti Carbonara im Skarabeus, ihrem liebsten Lokal, in dem sie bis zum Morgen sitzen bleiben.

Eve und Rainer beschliessen, Berlin den Rücken zu kehren, in die Schweiz zu reisen, in Eves Heimatstadt. Nur so kann sich Rainer vorstellen, ein klares Leben mit gesteckten Zielen zu führen. In Berlin hängt man nur herum, besäuft sich, ist davon krank und alles, was am Vorabend noch verheissungsvoll schien, ist am nächsten Tag weg. Es meldet sich noch ein Verehrer aus der Schweiz bei Eve, der sie unbedingt wiedersehen will. Der Tontechniker aus dem

Synchronstudio. Sie trifft ihn und lässt ihn zappeln. Er verspricht Eve, sie zu verwöhnen, er wolle sie immer noch heiraten. Sie bleibt vage in ihren Äusserungen, lässt sich aber zum Essen einladen. Sie lädt Rainer gleich mit ein und dem Tontechniker bleibt nichts anderes übrig, als ihn zu dulden. Eine Familienpizza wird bestellt, ein oberflächliches Reden überdeckt die brodelnde Situation. Rainer trinkt über den Durst. Als er verwegen genug ist, steht er auf, geht zur Tür hinaus, Eve folgt ihm. Sie laufen so schnell sie können. Der Tontechniker, der Eves Adresse weiss, folgt ihnen bald darauf. Er schimpft auf sie ein. Demonstrativ biegen Eve und Rainer um die Hausecke in ihre Strasse und küssen sich leidenschaftlich; unberührt von den verärgerten Fragen und der bodenlosen Wut des Tontechnikers, der sich irgendwann umdreht und geht. Am nächsten Tag liegt ein Brief von ihm im verrosteten Briefkasten. Verzweifelt sei er, von Grund auf zerstört, er könne ohne Eve nicht weiterleben, er werde sich umbringen. Eve schaut mit trockenen Augen auf das Schreiben, erstaunt, so viel Leidenschaft ausgelöst zu haben. Sie hat kein schlechtes Gewissen und fühlt sich im Recht. Sie gehorcht nur ihrem Wollen, glaubt sie.

Eve kauft sich eine billige Rolltasche und stopft alles, was sie nach Berlin mitgenommen hat, hinein. Einiges lässt sie in der Berliner Wohnung. Die Miete ist nicht bezahlt, weil Rainer kein Geld hat und Eve nicht für ihn zahlen will.

Alles wird stehen und liegen gelassen, als wäre es richtig so. Erst danach kommen die Skrupel über das schäbige Verhalten und was die gewesene Freundin von Rainer alles bereinigen und berappen muss. Per Autostopp werden sie zur Autobahnausfahrt gebracht. Ein längerer Weg zu Fuss an die richtige Stelle wird mühsam und beschwerlich. Rainer geht voraus, dreht ab und zu den Kopf, schimpft über das laute Geratter von Eves Tasche. Eve fühlt sich unsicher, möchte leiser sein, bemüht sich darum, doch dann rattert es wieder und Rainer schreit wütend auf sie ein. Der Weg ist steinig und Eves Stiefelabsätze sind schief abgelaufen und unbequem. Das Wetter grau und kalt. Da stehen sie an der Autobahn und Eve glaubt nicht daran, mitgenommen zu werden. Doch dann geht's ziemlich schnell. Rainer und Eve sitzen auf dem Hintersitz und lächeln zum ersten Mal. Rainer neckt sie und gibt ihr einen Nasenstüber. Er sagt, sie gleiche Pinocchio, das habe er erst jetzt entdeckt.

In Briefen hatte Eve die Mutter auf den Besuch vorbereitet. Sie habe den Mann gefunden, zu dem sie stehe, ob es der Mutter gefalle oder nicht. Falls nicht, käme sie nie mehr nach Hause. Die Mutter hat keine Freude an Eves Auserwähltem. Doch findet sie ihn zumindest sympathisch, lobt die männliche Ausstrahlung. Übernachten lässt sie ihn nicht. Sie sähe am Morgen nach dem Aufstehen nicht gern grosse Männer aus den Zimmern der Töchter kommen. Eve bittet um eine Nacht. Ihre Mutter lässt sich nicht erweichen. Die Mutter eilt ins Wohnzimmer, setzt sich in den grossen, uralten Lieblingssessel, wirkt erstarrt und ist kreidebleich. Eve fürchtet sich vor ihr, steht hilflos mitten im Zimmer herum. Redet ängstlich und beschwörend auf sie ein. Wie sie ihr das antun könne, sagt die Mutter zu Eve, ob sie blind sei und noch nie begriffen habe, wie empfindlich sie sei. Eves Schwester Agathe kocht währenddessen in der Küche Spaghetti mit Tomatensauce. Sie hat die ganze Zeit geschwiegen. Bescheiden und still füllt sie die Teller von Eve und Rainer und schaut ihnen beim Essen zu. Eve telefoniert mit einem Kollegen aus der Schauspielschule und fragt, ob Rainer in seiner Wohngemeinschaft übernachten dürfe. Mit dem Taxi fährt Rainer an die genannte Adresse, allein. Zum Treffen am nächsten Tag erscheint er verkatert, überredet Eve mit ihm trinken zu gehen, es gehe ihm danach besser, das verspreche er ihr. Eine Kneipentour führt durch alle Gasthäuser der Stadt. Eve ist erstaunt wie viel Nachtleben und Ausschweifung es hier gibt. Sie ist gleichzeitig fasziniert und abgestossen. Will, dass Rainer mit ihr in ihrer Mansarde in der Altstadt übernachtet. Sie hat sie nur noch für wenige Tage. Ein altes Bürgerhaus, in dessen Dachstock sich winzige, primitive Kammern ohne Wasseranschluss befinden. Die einfache Toilette, die mittels Eisenhaken abschliessbar ist, befindet sich ein Stockwerk tiefer. Ein von Mäusen angefressener Teddybär sitzt auf dem Bett, auf das sich Rainer legt und wo er ziemlich bald in tiefen Schlaf fällt. Er schnarcht und weckt Eve, die sich neben ihn gequetscht hat, immer wieder auf.

Eve telefoniert mit früheren Bekannten und fragt nach einer Wohnung. Bei einer jungen Frau, die mit ihr zusammen die Buchhändlerlehre gemacht hat, wird sie fündig. Es sei eine Wohnung, die ihre Freundin, eine Künstlerin, angemietet habe. Sie stehe noch drei Monate zur Verfügung, da diese nicht sofort einziehen könne wegen der Kündigungsfrist ihrer derzeitigen Unterkunft. Die Frau lacht am Telefon tief und gurgelnd. Sie lädt Eve und Rainer zum Essen ein, empfängt die beiden mit überströmender Herzlichkeit. Eve ist glücklich, berührt, umarmt Rainer, der mitjubelt. Da sie gar nicht viel Gepäck dabeihaben, ziehen sie noch am selben Tag ein. Eve fühlt sich aufgehoben bei der Bekannten, die ein feines Nachtessen zubereitet. Beinahe hundert Kerzen hat sie auf den Fussboden verteilt, zündet sie alle an. Es ist ein Feuermeer, über das sie schauen. Noch nie in ihrem Leben hat Eve jemanden so lieb und zuvorkommend empfunden, sich so behütet und aufgenommen gefühlt. Sie isst mit viel Genuss, staunt in das eigenwillige, von braunen Locken umrahmte Gesicht der Frau. «Ein schönes Paar seid ihr, ein schönes», murmelt diese immer wieder. Die Freundin der Frau kommt auch noch vorbei. Eine Künstlerin, die immer weniger sieht. Die Welt verschwimmt zu farbigen Kringeln, hellen Flecken, undefinierbarem, verschwimmendem Grau in allen Abstufungen. Doch sie male verbissen weiter, lasse sich nicht einschüchtern. Sie bekräftigt ihre Aussage mit heftigen Bewegungen, wirft die Arme in die Luft, schüttelt den Kopf. Sie fährt, verwegen und tollkühn, mit einem viel zu kleinen, roten Tretroller herum. Es sei ihr gleichgültig, wenn Autos hupten, sie sei unterwegs und man habe Rücksicht auf sie zu nehmen. Eves Bekannte schüttelt den Kopf, sie findet das nicht, man könne von Autofahrern nicht so viel verlangen. Alle lachen. Eve und Rainer werden zur Wohnung begleitet. Sie liegt im dritten Stock. Ein altes, gelb gestrichenes Haus, das undefinierbar nach allerlei riecht: altem Fett, Katzenurin, Heizöl, nassem Holz, ungeputzten Böden.

Der einzige, brauchbare Ölofen steht im grössten Zimmer mit Blick auf die Strasse. Die wenige Habe wird da gelagert. Die schmale Matratze, zurückgelassen vom Vorgänger, liegt unter der Dachschräge. Ein Tisch steht auch schon da und in der altmodischen Küche mit gesprenkeltem Steinboden und ebensolchem Schüttstein auf der gegenüberliegenden Seite des viereckigen Flures findet sich alles Nötige zum Kochen. Die Wohnung ist kalt, riecht nach altem Fett. Ein hoher Stapel alter Zeitungen liegt neben dem Ölofen, man wirft einen abgerissenen Streifen brennend in die Öffnung und entzündet so das unten hinein geflossene Heizöl.

Rainer kennt sich damit aus. Doch erst wird geschlafen. Es ist eng und erotisch im Bett. Eve und Rainer schlafen miteinander. Am Morgen sind sie zu einem einzigen Stück Fleisch geworden. Eve geniesst dieses Einswerden und möchte es beibehalten. Blinzelnd schaut sie zum Fenster ins helle Tageslicht, das die Hässlichkeit der alten Wohnung herausstreicht.

Eve und Rainer richten sich ein, das Schlafzimmer muss Wohnbereich und Proberaum in einem sein. Eve fährt zur Mutter, erzählt ihr von ihrem neuen Leben, was diese wohlwollend aufnimmt. Sie transportiert Farben, Knetmasse, Stoffe und vieles mehr in die Wohnung, sodass das Notwendigste vorhanden ist. Rainer erwartet sie in der Eckkneipe an der Hauptstrasse, wo er beim Bier sitzt und über Eves gepflegte Erscheinung spöttelt. Da kämen sie dann gewaschen und duftend wieder aus ihren Vororten zurück, meint er mit bösem Unterton. Dass er in der Mehrzahl spricht, verstärkt die Aussage und Eve schämt sich vor dem von ihrer Mutter Ausgestossenen, der sich nur am Schüttstein in der Küche notdürftig waschen kann. Eve trinkt sauren Most und geht dann zu Mineralwasser über. An die acht Bier trinkt Rainer. Es ist schon fast Mitternacht, die Wirtin schnattert laut und freundlich: «Fyrabä mini Damä und Herrä, Fyrabä.» Bier zum Mitnehmen verlangt Rainer und Eve bezahlt alles, dankbar, dass sie endlich aufbrechen und gehen können. Die Freude aufs Umsetzen ihrer besprochenen Ideen für ihr Theaterstück lässt Eve vieles ertragen. Das Fantasieren und Entwerfen, die verrückten Ideen, die während der langen Kneipenabende in Gedanken durchinszeniert werden, ist das Fleisch am Knochen, das Eve ernährt und Rainer aufrichtet, wenn er am nächsten Morgen mit einem üblen Kater und Kopfschmerzen aufwacht.

Das Stück heisst *König Ubu*, sein Dichter ist Alfred Jarry, ein früh verstorbener genialer Chaot, der als einer der Ersten auf dem Fahrrad durch Paris fuhr. Ein König, der so offensichtlich grausig ist wie ein Kleinkind auf dem Kackthron. Sein erstes Wort im Stück, «Merdre», dürfte von der Bourgoisie als herausfordernd empfunden worden sein. Eve und Rainer spannen im kleinen Zimmer ein Seil in Hüfthöhe von einer Wand zur gegenüberliegenden, legen eine Decke als Vorhang darüber, über den sie, selber zur Hälfte sichtbar, die beiden Protagonisten als Stockpuppen agieren lassen wollen. Ihr nächster Gang führt sie zur Metzgerei, die sich nur ein paar Meter von ihrem Haus entfernt befindet. Sie erkundigen sich dort nach getrockneten Schweinsblasen, Knochen und gereinigten Därmen. Der anfangs erstaunte, leicht belustigte Metzgermeister spielt mit, besorgt alles. Am nächsten Tag tragen Eve und Rainer zwei getrocknete, grosse, pergamentartige Rindsblasen, einen gereinigten, hellen, langen, elastischen Pferdedarm, der normalerweise für die Wurstherstellung gebraucht wird und zwei Riesenknochen, an denen noch fasriges Fleisch hängt, in einer grossen Tragtasche in die Wohnung. Eve beginnt gleich mit der Arbeit. Sie stopft den Darm mit Strümpfen und formt daraus den Kopf von Vater Ubu, näht seinen Leib, und überzieht Arme und Beine mit der Haut des Darmes. Es macht Spass in das wurstige Gesicht der Puppe zu schauen, den ältlichen, langgezogenen Bauch zu betrachten, der gut sichtbare Nähte aufweist. Das passt zum Usurpator und seinen furchtbaren, rohen Kämpfen zu Fuss und zu Pferd. Sein ständiges Siegesgeheul wird später auf den verschiedensten Bühnen lautstark zu hören sein. Eve vergisst die Zeit, lebt nur noch im Moment, formt mit Leidenschaft aus der Rindsblase Mutter Ubus voluminösen Leib mit zwei grossen Brüsten, dicken Schenkeln. Die Farbe der Nippel erinnert an getrocknetes Blut. Der Geruch, der vom Puppenkörper ausgeht, steigt wie Suppe in die Nase. Ihr Kopf besteht aus modellierter Holzmehlpaste, mit blassblauen Augen, einer hübschen Nase, aufgeworfenen Lippen und knallroten Haaren.

Eves Schwester Agathe kommt zu Besuch. Sie sitzt in der kalten, nur von einer kahlen Birne beleuchteten Küche, nörgelt an Eve herum. Sie umsorge Rainer wie eine Mutter. Sie habe doch einmal weitgesteckte Pläne gehabt, die nun alle versanden würden. Sie bedauere diese Entwicklung. Eve ist irritiert, gekränkt und schaut ihre Schwester herausfordernd an. Ihr passt dieses freie Leben ohne Zwang. Putzen, kochen, essen, einkaufen, trinken, fantasieren, zeichnen und basteln, ausschlafen, grad so wie es Lust und Laune gebietet. Endlose Kneipentouren, endloses Erfinden, Abtauchen in die Welt der Fantasie. Rainer ist der Held, der dies alles für sie ermöglicht. Eve investiert ihr Geld in diesen vielversprechenden Anfang. Sie gibt Rainer nie allzu grosse Summen in die Hand. Bettelnd sitzt er nach ausgedehnter Trinktour am Boden. Er bedrängt Eve, bittet, verspricht ihr, nicht mehr übermässig zu saufen, bis sie weich wird und ihm gibt, was er will. Nie vergisst sie das endlose Warten auf Rainer, wie sie immer wieder auf die Strassenkreuzung starrt, ob er endlich in ihrem Sichtfeld erscheint. Hilflos, wütend, rachsüchtig steht sie im dunklen Zimmer und wartet, bis Rainer langsam, hin und her schwankend, sich am hölzernen Geländer festklammernd, zu Eve hinaufsteigt und sie mit grossen, leeren Augen anglotzt. Sie wird blass, spricht böse auf ihn ein. Er hört nicht zu, geht schnurstracks zur Matratze am Boden unter der Dachschräge, lässt sich darauf fallen und schläft ein. Wenigstens ist er wieder da, denkt Eve. Traurig, missmutig zieht sie sich aus und legt sich neben ihn auf die schmale Liegefläche, drängt ihn ein Stück weg, damit sie etwas mehr Platz für sich hat. An Schlaf ist noch nicht zu denken, sie grübelt, ihre Gedanken kreisen in einem fort. Die Hoffnung schwebt über ihr wie eine abgemagerte Fledermaus.

Ein alter, halbhoher Herrenschuh aus dem Brockenhaus, mit einem kleinen Rest weissen Fells verziert, soll den Zaren abgeben, entscheidet Rainer. Er spannt ein hohes Seil quer über den hüfthohen Vorhang des vorderen Spielbereichs, befestigt mittels Ösen den Schuh daran, bringt eine Schnur am Schuhspitz an und zieht den so definierten Zaren ganz langsam durch den Raum. Poetisch, absurd, ja beinahe bedrohlich wie er durch die Luft schwebt, der Schuh des Zaren. Eve montiert auf einen Besenstil ein gehäkeltes Einkaufsnetz aus weissem Garn, formt daraus die verhüllte Gestalt der Königin von Polen. Sie führt sie Rainer vor, bewegt sie hin und her, klagend und weinend, was der Szene, in der sie auftritt, entspricht. Als König von Polen wird ein alter, gemusterter Taschenschirm ausgewählt. Eine Krone aus dünnem, mit Goldfarbe bemalten Karton verziert die Spitze.

Die erste Probe wird angesetzt. Eve bewegt die Stockpuppe zum auswendig gelernten Text, hebt mit dem dünnen Stöcklein, das an Mutter Ubus Hand befestigt ist, den Arm und führt ihn zum Kopf der Figur. Nach kurzer Zeit unterbricht sie sich selbst, ist unsicher, wie Rainer ihr Spiel aufnimmt, schaut ihn fragend an. Er greift sich die Puppe des Vater Ubu, beginnt sie zu schütteln und schreit immer wieder das Eröffnungswort des Usurpators! Schreisse!! Sie schauen einander zu. Es ist ein Anfang, der sie ermutigt. Sie sind sich nah und wenn sie Pausen einlegen, begehren sie sich. Sie springen einander nach, wickeln sich in die Zeitungsbahnen, die neben dem Ölofen liegen und lassen sich vom anderen wieder enthüllen. Eve setzt sich auf Rainers Schoss, reitet gierig und voller Lust auf seinem Schwanz. Zeit zum Nachtessen. Es gibt Speck mit Gemüse. Beide sind sie sehr hungrig, schlingen das Essen hinunter. Danach gehen sie wie jeden Abend in die Kneipe. Beim Trinken kommen neue Ideen zu den schon vorhandenen. Die Machbarkeit mit ihren bescheidenen Mitteln wird überprüft, angenommen oder verworfen.

Eve möchte immer so weiterleben. Sie wird aufgestört durch Rainers Unruhe. Es sei Zeit, das Stück aufzuführen. Bei einem Aufenthalt in Zürich, wo sie bei einem berühmt-berüchtigten Stadtoriginal, einem wunderbar kindlich-verspielten, älteren Mann im von ihm besetzten Altbau übernachten dürfen, bekommen sie Adressen für mögliche Aufführungsorte. Alibaba zeigt ihnen die seltsamsten Ecken der Stadt. Er zeigt ihnen die Metzgerei, wo der grösste Cervelat der Schweiz hergestellt werde, bietet Rainer ein rotes, verrostetes Dreirad an, das er vor dem Müllwagen gerettet habe. Rainer nimmt dankend an.

Ein seltsamer Anblick, einen so grossen Mann auf dem winzigen Kindervelo strampelnd und freudig strahlend auf den Trottoirs herumfahren zu sehen. Eve ist in einer armen, lumpigen, fröhlichen Welt gelandet, die Türen in die Welt der kleinen Wunder öffnen sich vor ihr. Nachts schläft Alibaba mit mindestens zehn weiteren Kumpanen in dem grossen Zimmer der Altwohnung. Eve und Rainer liegen auf einem weiss gestrichenen, altmodischen Metallbett. Eves Augen bleiben die ganze Nacht offen. Im Raum ist ein immerwährendes Tuscheln und Rumoren zu hören. Gestalten in weissen Nachthemden huschen herum, was Eve ängstlich stimmt. Die Männer haben dürre, haarige, weisse Beine. Es ist hell im Zimmer, weil der Mond hereinscheint. Die Schatten führen ein eigenes Leben an den Wänden. Alibaba sei der reichste Penner der Stadt, er besitze an die 50 Häuser. Eve und Rainer fahren zurück in ihre Wohnung in Bern. Die Wohnfrist ist bald abgelaufen. Sie haben keine Ahnung, wo sie danach unterkommen sollen.

Rainer ruft von der Quartierbeiz aus, einen Architekten in Biel an, dessen Telefonnummer er von Alibaba bekommen hat. Eve sitzt auf dem harten Holzstuhl am gewohnten Tisch vor einem Glas sauren Mostes. Es dauert lange, bis Rainer aus dem Keller, wo sich die Telefonkabine befindet, zurückkommt. Sein Gesicht hat einen übermütigen und zuversichtlichen Ausdruck. Mit seiner tiefen Stimme verkündet er, dass ein erster Auftritt anstehe. Die Premiere ihres Stückes. Genaueres würden sie bald erfahren. Dazu sei es nötig, nach Biel zu fahren. Das Datum sei bereits ausgemacht. Sie fahren zweiter Klasse, das Wetter ist schön, aber kühl. In Biel steigen sie aus und stehen, da sich niemand zeigt, sie abzuholen, ratlos auf dem Bahnsteig herum. Zu ihrer beider Überraschung hören sie plötzlich aus den Lautsprechern, der sonst An- und Abfahrten meldet, die Aufforderung an die Herrschaften Puppenspieler, sich zum Bahnhofbuffet zu begeben. Als sie die Tür zum Restaurant aufstossen, erhebt sich würdevoll ein etwa vierzigjähriger Herr in Zylinder und Frack, begrüsst sie schalkhaft lächelnd, mit salbungsvoller Geste und gekonnter Verbeugung. Ein Szenario wie aus einem alten Film. Eve ist sofort eingenommen und fasziniert von Fritz. So heisst der Mann. Er besitzt eine Galerie und ist ein stadtbekannter Architekt, der nebenbei mit alten Büchern und Brocante handelt.

Auf Feldbetten verbringen Eve und Rainer nun die Nächte in der Galerie, wo die aktuelle Ausstellung gezeigt wird. Am Tag werden die Feldbetten zusammengeklappt und in den oberen Stock gebracht, der als Büro und improvisierte Küche fungiert. Es wird immer mühsamer, miteinander zu schlafen. Eve drängt Rainer dazu. Der Premierentermin wird festgesetzt. An einem Flohmarkt, wo Bücher und antike Möbel gehandelt werden, soll ihre Theateraufführung nachmittags gezeigt werden. Eve und Rainer haben drei Wochen, ihr Stück fertigzustellen. Proben finden in dem anschliessenden niedrigen Zwischengebäude statt, einer Art Holzbaracke, die einer Tänzerin als Übungslokal dient. Fritz besucht sie jeden Tag und erkundigt sich, wie es geht, ob sie weiterkommen, da er nun die Einladungen aufsetze und drucken lasse. Auch seine kettenrauchende, um einiges jüngere, sehr hübsche Frau setzt sich zu ihnen auf die antike, weiss gestrichene Gartenbank, die draussen auf dem Kiesplatz steht. In gehetztem Ton erzählt sie von ihrem schwierigen Alltag mit Fritz und ihrem kleinen Sohn. Sie drehe durch und deshalb rauche sie so viel.

Ein Zeitungsvorhang auf halber Höhe des Raumes, damit sie als Spieler stets sichtbar sind, ersetzt den früheren Stoffvorhang und hat zugleich inhaltlichen Bezug zum Stück. Aktuelle Nachrichten von Tyrannen, Kriegen, Mord bestimmen die Seiten, die zum Inhalt des Stückes passen, das um die Jahrhundertwende geschrieben wurde. Zwischendurch gönnen sie sich einen Besuch in der nahen Kneipe. Rainer bestellt sein Bier und noch eins und vielleicht noch eine Wurst dazu. Eve bleibt bei saurem Most und Salat. Dazu ein paar selbstgedrehte Zigaretten. Als sie zurückkommen, sieht Rainer sofort, dass die Tür zum Probenlokal sperrangel weit offen ist. Das fährt ihm in die Knochen, zitternd sucht er den Lichtschalter und schaut sofort auf den Vorhang, die Puppen und Requisiten. Den langen Blutstropfen aus rotem Papier, der bei Szene 19 nach dem Gemetzel zwischen Ubu und König Wenzels Armee ganz langsam über den oberen Rand des Vorhanges geschoben wird und den Anschein macht, über die Zeitungsseite zu fliessen. Eine Szene, die Lachsalven auslösen wird in jeder Aufführung. Es ist nichts berührt worden, alles liegt so da, wie sie es verlassen haben. Eve liebt Rainer für seine Sorge um die Dinge, sie spürt, wie er an all den brüchigen, wild hässlichen Puppen hängt, den Knochen, dem kleinen Mann, mit einem Krug Bier in der Hand, der einen Boten darstellt. Gross und klein, alles gemischt, Dimensionen neu gedacht und der Schuh des Zaren, der langsam über den Vorhang schwebt.

Wenn sie im oberen Stock der Galerie auf der elektrischen Herdplatte kochen, riecht es im ganzen Haus nach Kohl und Speck, dazu roter Wein, der zu weit mehr als einem Glas verführt, Rainer setzt sich laut und demonstrativ durch, dass er noch eine öffnen will, danach noch eine. Eve weint, flieht und läuft in die Stadt. Einer langen Autostrasse entlang. Irgendwann kehrt sie um, läuft dieselbe Strecke zurück. Sie hört schon von Weitem Leonard Cohens Stimme. Rainer hat den Plattenspieler auf höchste Lautstärke eingestellt. Monströs, findet Eve, wie die gesungenen Sätze «I am blind and you can see» an die Hauswände prallen und wieder zurückschlagen als zittriges Echo. Ja, Rainer ist blind und Eve soll für ihn alles sehen und ihn durchs Leben führen. Eine Orgie, obszön, wie Rainer sich in der Musik suhlt. Wenn der Song zu Ende ist, hebt er unerbittlich den Tonarm und setzt die Nadel auf die entsprechende Rille, wo das Lied anfängt. Cohen singt endlos, gleichförmig, ekstatisch. Rainer spannt ein Blatt Papier in die kleine, alte Schreibmaschine, das einzige Gepäckstück, das er aus Berlin mitgebracht hat. Seine langen Finger schlagen die Tasten, die hell und scharf durch den Raum knattern. Er brauche das jetzt, überhaupt sei ihm alles zu eng geworden, er habe keine Lust, sich aufs Feldbett zu legen. Es sei unbequem. Eve könne ja gehen. Es ist ihm egal, wie sie mit dem Aufklappen des uralten Dings zurechtkommt. Sie ist reingefallen auf Rainer. Sie fühlt sich als Rainers Gefangene, ihm ausgeliefert. Sie hat alles Bürgerliche radikal von sich gestossen und sich aufs freie Leben mit einem armen Trunkenbold eingelassen. Ja, er ist ein Künstler, voller genialer Ideen und urwüchsiger Kraft. Selbst wenn er laut herumschreit, hat er Kraft und scheint unsterblich zu sein. Eve weint so viel, dass die Tränen versiegen, ihre Augen brennen, sie müde und kaputt auf das aufgeklappte Feldbett sinkt.

An einem schönen Frühlingstag werden Stände auf dem Platz vor der Galerie, dem Antiquariat und dem Probelokal aufgestellt. Eve ist aufgeregt, doch ist das rege Treiben um die Stände alles andere als einstimmend. Ihre Aufführung wird mit dem Megaphon ausgerufen und einiges Publikum setzt sich auf die verschiedenartigen, alten Stühle im Probelokal, die provisorisch hingestellt wurden. Dann Stille und Hochspannung im Saal. Eve hört sich selber sprechen und erschrickt gleichzeitig. Beide spielen sie zu schnell, sind unsicher, schreien oder flüstern, warten auf Reaktionen aus dem Publikum, die nicht kommen. Es herrscht ein Schweigen, das gar nichts aussagt. Irgendwann hüstelt einer, redet kurz mit dem Nachbarn. Eve und Rainer spielen das Stück einfach durch, ohne Rücksicht und Bedenken, im Luftleeren. Am Schluss schweigt das Publikum betreten. Die meisten haben einen Stand draussen, handeln mit Trödel und alten Büchern. Viele sind ratlos. Es wird kurz geklatscht. Sie bleiben unschlüssig sitzen, stehen dann auf und vertreten sich die Beine. Ein stadtbekannter Künstler äussert sich als einziger. Das erfahren Eve und Rainer erst später. Das Stück sei «unausgereift». Die Freude über ihre Premiere überwiegt die Zweifel bei Weitem. Sie haben es auf die Welt gebracht und auch wenn das Kind noch gekämmt und gebadet werden muss, ist es doch da und will gezeigt und beachtet werden.

Fritz weist Eve und Rainer darauf hin, dass sie nun für eine andere Bleibe schauen müssen. Ratlos und verstört schaut

Eve den Architekten an. Er wisse vielleicht etwas, doch könne er noch nichts Genaues sagen, meint Fritz. Die Fragen prallen an ihm ab, nicht ganz, er gibt halbe Auskunft. Es handle sich um ein altes, sehr altes Bauernhaus. Eve ist ganz Ohr und lässt Fritz keine Ruhe, sie bedrängt ihn und erklärt ihre Not und die Angst, nichts annähernd Zahlbares zu finden. Es könnte schon etwas Gutes für sie sein, was er da im Kopf habe, sagt Fritz. Wo es denn sei, fragt Eve. Mitten in Wäldern, ganz einsam gelegen, mit Hofstatt hinter dem Haus und vielen Zwetschgen und Apfelbäumen, einer Bank, die recht gemütlich zu wunderbarem Ausruhen einlade. Fritz steht auf und lächelt, er könne im Moment noch nichts weiter darüber sagen. Er werde sie auf dem Laufenden halten. Er werde sie nicht rausschmeissen, darauf könnten sie sich verlassen.

Nach ein paar Tagen steht Fritz in der Galerie und teilt Eve und Rainer mit, dass sie sich bereit machen und ihre paar Habseligkeiten packen sollen, mittags werde er sie zum Bauernhaus fahren, er verlange für die Miete symbolische 40 Franken. Erfreut beginnen Eve und Rainer ihre wenigen Kleider und Utensilien zusammen zu suchen. Die Puppen und Requisiten sind schon in Abfallsäcke verstaut. Eves Reisetasche, die sie vor ein paar Jahren von ihrer Mutter zu Weihnachten geschenkt bekam, muss nun sogar eine alte Pfanne, in die Löffel, Gabeln und Messer gestellt sind, fassen. Eve ist rabiat mit den Dingen, sie stopft Kleider und Schuhe ohne Rücksicht auf Verluste in die Tasche. Hauptsache der Reisverschluss lässt sich schliessen. Rainers einziges Gepäckstück ist die kleine Schreibmaschine, er ist mächtig stolz darauf. Er trägt alle seine Kleider. Sein Gürtel ist zerrissen, als Ersatz nimmt er einen mitteldicken Strick, schneidet ihn zurecht, steckt ihn in die dafür vorgesehenen Schlaufen und knüpft ihn vor dem Bauch zusammen. Beider Haare sind lang und wirr, Eve fährt schnell mit einem Kamm hindurch, so stehen sie da und lächeln ihrem fantasievollen, schelmischen Gönner ins Gesicht.

Ein alter Citroën steht an der Strasse, das ist das Auto von Fritz. Er kaufe sich immer diese Marke. Er möge sein Auto sehr, auch die Farbe und Form. Eve wird der Vordersitz angeboten, Rainer sitzt hinten und ist froh darum. Es strengt ihn an, sich zu unterhalten. Er hat gern seine Ruhe. Doch Fritz stellt ihm immer wieder Fragen und lächelt verstohlen. Er wartet geduldig auf Antwort, die dann auch erfolgt. Rainer überspielt nicht, er sagt ziemlich direkt, was er denkt. Nicht ganz immer, da wo er selber unsicher ist, schweigt er und die Pausen wiegen schwer. Fritz schaut dann in den Spiegel und fixiert Rainer. Die Fahrt über viele grosse, sehr befahrene Strassen zieht sich hin. Eve ist gespannt und neugierig, wohin Fritz sie fährt. Er biegt in einen Feldweg ein, holprige Pfade in einem endlos scheinenden Wald. Ja, es sei

Provinz, tiefstes Hinterland, wo beinahe niemand wohne. Danach liegt eine hügelige Gegend vor ihnen, lieblich, mit wenigen, uralten Bauernhöfen am Rand der Strasse oder in der Landschaft verteilt. Sie überqueren einen Fluss, biegen links ab. Provinz, wo er sie jetzt hinbringe. «Kennst du Provinzler, Rainer?», fragt er nach hinten. Er fährt langsam, biegt bedeutungsvoll in immer andere Waldwege ein und dann sind sie draussen. Ein Dorf liegt vor ihnen. Bei einem uralten, langgezogenen Bauernhaus, mit gewaltigem Dach hält er an. «So, da sind wir, steigt aus.» Eve ist wie im Taumel. Es ist ein uraltes Haus, das rechts und links schon neugierige Bewohner zeigt. «Hier geht es rein, in der Mitte», sagt Fritz zu Eve und Rainer. «Hier ist das Freiluftklosett, zum Philosophieren höchst geeignet.»

Eve und Rainer bewohnen den Mittelteil dieses Langhauses, das aus dem 17. Jahrhundert stammt. Die Räume sind niedrig, die Wände von Rauch und Staub geschwärzt, der grosse Kachelofen mit sandbraunen Kacheln darf nicht mehr eingeheizt werden. Doch Fritz hat vorgesorgt. Ein kleiner Kanonenofen, dessen Ofenrohr in die Rauchküche führt, heizt die Wohnstube prächtig auf. Der Holzboden mit breiten Planken stammt aus dem vorletzten Jahrhundert, der niedrige, steinerne Kochherd in der winzigen Küche darf nicht mehr benützt werden. Ein gedeckter, schwarz gebrannter Rauchabzug darüber war für Würste und Speck bestimmt. An Eisenhaken wurde das Fleisch aufgehängt, dem Rauch des Herdfeuers ausgesetzt. Abgeschrieben, nicht mehr benutzbar. Eve und Rainer haben eine elektrische Platte dabei, die sie im Brockenhaus erstanden hatten und die perfekt funktioniert. Auf dem Kanonenofen ist ebenfalls Kochgelegenheit. Die vier kleinen Fenster zum Dorfsträsschen hin sind schmutzig. Eve schaut durch die trüben Glasscheiben auf die gigantische Pflanze im Vorgarten mit Blättern wie Tatzen. Es gibt zwei alte Holztische, drei Stühle und eine Matratze in einer feuchten Kammer neben der Küche. Von der Rauchküche führt eine Tür direkt hinter das Haus in eine Laube mit Steinboden. Holzwände rechts und links trennen von den Nachbarn ab, die im linken und rechten Teil des Langhauses wohnen. Eine Wiese, wuchernde Pflanzen und ein Pfad, der nach hinten zu einem kleinen Häuschen führt. «Da wohnt meine Mutter», sagt Fritz beinahe andächtig mit leisem Lächeln um den Mund. Die Tür wird geöffnet, eine lebhafte, magere, fröhlich lachende, alte Frau empfängt Eve und Rainer charmant, lädt sie zu Kaffee ein und plaudert ohne Pause munter vor sich hin. Sie komme eigentlich aus Österreich. «Oh, der Franz, der Kaiser», seufzt sie. Fritz schaut die alte Frau liebevoll an. «Den Kaiser brauchen die beiden nicht, Mutter», sagt er. «Ach so», meint sie, «ach herrje, nicht?» Sie lacht verlegen, ist halt ihre Welt. Sie holt ein Notizheft aus dem Gestell neben dem Tisch, da schreibe sie alles hinein, ihre Gedanken, was sie im Radio gehört habe, einfach alles, was ihr grad in den Sinn komme. Fritz hat jetzt einen beinahe barschen Ton in der Stimme, als er sagt: «Das kannst du ihnen später erzählen, Mutter, sie bleiben jetzt für eine Weile hier, sie wohnen, da wo wir früher zu sechst hausten! Kommt, ich zeige euch die Hofstatt.» Anmutige Zwetschgen, Kirschen und Apfelbäume führen fast bis zum Wald, der Acker dahinter wird von einem Bauern im Dorf mit Roggen und Weizen bebaut.

Als Fritz gegangen ist, beginnt es zu regnen. Es ist sehr still, nur das rauschen des Regens, ist zu hören. Eve bewundert das saftige Grün vor und hinter dem Haus. Besteck, Teller, Messer und Gabeln werden in die Tischschubladen versorgt, die wenigen Kleider an die Stange des modrigen Schranks in der Schlafkammer gehängt. Die grosse, alte Matratze bezieht Eve mit Bettwäsche ihrer Mutter. Leintücher mit den kunstvoll eingestickten Initialen G.B. in weisser Blumengirlande. Rainer ist es wichtig, einen Tisch für sich zu haben, für all die Bücher, Hefte, die Schreibmaschine. Eves Tisch steht mit der schmalen Seite zum mittleren Fenster und ragt mit der Breiteren in den kleinen Raum hinein. Er dient auch als Esstisch. Als Erstes wollen sie nun einkaufen gehen in den Dorfladen, den Fritz ihnen beim Vorbeifahren gezeigt hat. Schönmann führt den Laden. Hungrig treten sie ein. Frau Schönmann bedient sie und mustert erst Rainer dann Eve mit verstohlener Neugier. Unsicher stellt sie die Ware auf die Verkaufstheke. Käse gibt's, einheimischen, frisches, duftendes Brot, Butter aus der Dorfkäserei. Herr Schönmann taucht aus dem Lager auf, räuspert sich und grüsst. Seine dunklen, kleinen, stechenden Augen sprechen eine klare Sprache, unsolides Volk, denkt er sich. Eve versucht mit ihrem breiten Dialekt Harmlosigkeit zu suggerieren, was ihr nur halb gelingt. Mit vollen Taschen kehren sie in ihre Hütte zurück. Der Regen lockt intensiven Geruch aus der Erde. Käse und dick mit Butter bestrichene Brotscheiben schmecken. Eve schlingt das Essen gierig hinunter, es fühlt sich gut an, hemmungslos essen zu dürfen. Sie pfeift auf die Diät, der sie sich immer wieder verschrieben hat. Als sie satt sind, schauen sie sich an. Es gefällt ihnen hier. Pioniere sind sie, das wissen sie. Sie haben die Kraft, ihre Welt und ihr Theater zu erschaffen und davon zu leben.

Der Zustand der uralten Räume ist schlecht. Das Plumpsklo vor der Haustür gut durchlüftet. Zeitungsschnitzel liegen neben dem Loch im Holz-Sitz, das dunkel ist und wenn man hinabschaut, am Boden schlammig glänzt. Es werde vom Bauern immer mal wieder als Gülle gebraucht und abgepumpt. Eve fühlt sich hier frei, als wäre sie in abenteuerlichen Ferien. Rainer schlägt vor, die spurenreichen, düsteren Holzwände der niedrigen Stube weiss zu streichen.

Eve wundert sich über Rainers Wunsch. Die Junisonne scheint draussen, als sie auf ihren ausgeliehenen Fahrrädern in die nächste kleine Stadt fahren. Hügel ab- und aufwärts. Die weisse Farbe samt Roller ist schnell besorgt und nach einer etwas anstrengenden Rückfahrt der Autostrasse entlang verschnaufen sie erst Mal und stellen den Farbeimer als Mahnmal in die Mitte des Raumes, um möglichst bald mit der Arbeit zu beginnen. Eve betrachtet den alten Holzboden, den Steinofen, die niedere Decke. Sie freut sich an Rainer, der so viel Kraft ausstrahlt, verspielt und fantasievoll immer neue Ideen anbringt. Er ordnet seine Bücher. Eve packt die Puppen aus, sie sollen nicht in den Abfallsäcken verschimmeln. Sie stellt sie in einer Reihe an die Wand. Mit den aufgemalten Augen starren die Figuren vor sich hin, unbeirrbar nehmen sie die Ecke des Zimmers ein, erzählen von dort aus Geschichten ohne Anfang und Ende, die Rainer in die Schreibmaschine tippt.

In der Laube hinter dem Haus bauen Eve und Rainer mithilfe von Brettern und Holzböcken einen langen Tisch auf. Auch bei Regenwetter wird man nicht nass, da das Hausdach darüber Schutz bietet. Eine verfallene Treppe führt in den kleinen Keller, ganz aus Steinen erbaut. Zum Lagern eignet er sich schon lange nicht mehr, baufällig wie er ist. Eve setzt sich auf die Bank hinter den Tisch und schaut in die Natur hinaus. Alles wuchert wild vor sich hin. Eve bleibt draussen, bis es dämmert, betrachtet die sich hemmungslos ausbreitenden Sträucher und grossen Pflanzen, die immer mehr verschatten. Klopfen, Knistern, Fauchen und Pfeifen im Gras, in der Luft. Als sie nach rechts hinüber auf den Boden schaut, bemerkt sie dort einen karierten Männerpantoffel. Sie glaubt erst ihren Augen nicht. Dennoch gleitet ihr Blick vom Hausschuh langsam nach oben, wo sie den nach aussen geklappten Fensterladen anstarrt. Dahinter steht jemand, still, lauernd. Sie erschrickt, steht auf und flüchtet ins Haus. Sie ruft Rainer, der an seinem Tisch sitzt und liest, erzählt ihm aufgeregt, was sie gesehen hat. Er wird bleich, steht auf, begleitet Eve nach draussen. Der Unsichtbare ist verschwunden und der Laden der Nachbarn von rechts ist nun geschlossen.

Die Müllhalden der Umgebung locken. Meist scheint die Sonne, wenn Eve und Rainer auf ihren Fahrradausflügen auf sie stossen. Von Ferne schon funkeln ihnen undefinierbare Gegenstände entgegen. Eine Fata Morgana des Abfalls, der hier zuhauf liegt. Zerlegte Hölzer in verwaschenen Farben, verrostete Objekte aus Metall, deren Sinn schwer zu ergründen ist, Räder von Kinderwagen, Körbe und ganze Teeservice aus Porzellan, die mehr und mehr in Sand und Kies einsinken, erinnern an das in Ehren gehaltene und nur zu besonderen Gelegenheiten hervorgeholte Geschirr der Mütter und Tanten. Schiessbudenpuppen mit eingedrückten Augen, pechschwarzen Haaren liegen halb entkleidet im Dreck, flatternder Flitter um den steifen Hals. Eine kaputte Tankstelle aus Plastik, farbige Schwimmringe, Blechschränkchen abblätternd und ohne Spiegel. Alles, was sie anregt, wird in die Fahrradkörbe gelegt, alles, was brauchbar ist, die Fantasie beflügelt, Schrott der sich im Denken der beiden zu neuen Welten und Bildern zusammenfügt. Stolz und glücklich fahren sie mit den beladenen Körben auf den Fahrrädern in das uralte Bauernhausmittelteil zurück. König und Königin über den Schatz, den sie hinter dem Haus und in dem kleinen Wohnraum lagern wollen.

Vor der Sommerpause entscheiden sie sich, auf Tournee mit Autostopp zu gehen. Von einem Tag auf den anderen werden die Puppen und Requisiten mangels anderer Behältnisse in Abfallsäcke verstaut. So begeben sie sich gegen Mittag auf die Autobahnausfahrt des grossen Nachbardorfes. Eve schämt sich über die ärmliche Aufmachung und die Abfallsäcke schrecken die meisten Autofahrer ab. Nicht alle lassen sich davon beeinflussen, innerhalb einer Stunde sind sie in Eves Heimatstadt. Durch die Gassen wandernd, kommen sie an einem Kindergarten vorbei, klopfen an die Tür und sprechen mit der Kindergärtnerin, die sie willkommen heisst. Ob sie hier spielen könnten, fragen sie. Ob das Stück sich denn für Kinder eigne, werden sie gefragt. Von der Art des Spielens schon, das sei fast so, wie wenn

Kinder Stücke erfinden und alles um sie herum eingesetzt werde als Personal der Geschichten. Rainer spricht mit tiefer, voller, rauchiger Stimme und die Kinder schauen ihn mit grossen Augen an. Viel versprechen könne sie nicht, sagt die Kindergärtnerin. Doch würde sie vorschlagen, dass Eve und Rainer das Stück am nächsten Vormittag spielen sollen mit viel Erklärungen dazwischen für die Kleinen. Sie werde ihnen eine Gage von 150,– zahlen mehr liege beim besten Willen nicht drin. Bei Eves ehemaligem Freund dürfen sie übernachten. Eine WG, deren Bewohner neugierige Fragen stellen und Rainers Durst mit immer neuen Flaschen löschen wollen. Eve hofft, dass der Vorrat bald zur Neige geht und schüttet vorsorglich den Inhalt dreier voller Weinflaschen ins Brünnchen. Sie wird erwischt und ausgeschimpft. Verzweifelt erklärt sie, warum sie es getan hat. Sie will nur noch schlafen. Matratzen werden in die Stube geschleppt und Eve und Rainer sind endlich für sich allein. Eve starrt, vom Weinen erschöpft, auf den schlafenden Rainer und legt sich neben ihn. Endlich kann auch sie sich ein wenig ausruhen.

Vor lebhaften Kindern spielen sie am nächsten Tag ihr Stück. Die Hauptfiguren, aus Rindsblase und Pferdedärmen gefertigt, werden kreischend beklatscht. Die Kinder verstehen die Sprache des Stückes nicht, doch die Objekte, der König als Regenschirm, der Schuh des Zaren, der

Blutstropfen aus Papier, der über den Zeitungsvorhang rinnt, die Möhren, die erbarmungslos niedergemetzelt werden, das Schreien und Toben von Vater und Mutter Ubu, die Pferde, Kartonröhren mit aufgeblasenen, farbigen Ballons als Köpfe, auf denen Eve und Rainer im Raum herumgaloppieren, das gefällt. Und die Kinder halten durch bis zum Schluss. Die Kindergärtnerin lacht und lobt die fantasievolle Umsetzung, die Puppen, die Alltagsgegenstände, die sich im Nu verwandelten und Räume eröffneten. Das Stück, der Inhalt sei für die Kinder noch nicht zu begreifen, doch finde sie, sie sollten unbedingt in den kleinen Theatern der Stadt vorsprechen.

Fünf Aufführungen beschaffen sie sich im bekanntesten Kellertheater der Stadt. Zu den Aufführungen kommt kein Publikum. Zeitungskritiker der wichtigsten Zeitungen der Stadt sind da. Und die Mutter und die Schwester von Eve, die Eve und Rainer zuschauen und beklommen sind, weil sie beinahe allein im Theatergestühl zwei Sitze besetzen. Die Mutter sagt zu Eve, sie habe gespürt, dass Eve traurig sei wegen der wenigen Leute. Sie habe das Stück gern gesehen und die Art des Spiels genossen. Intim sei das Spiel, als würde man einem privaten Vergnügen zusehen. Beide Zeitungen bringen Berichte über die Aufführungen. Die eine Zeitung lobt, die andere ist kritischer, doch so ermutigend, dass Eve vor Freude lacht. Sie geniesst jeden einzelnen Satz und erkennt, dass ihr Theater nun öffentlich ist. Was in der Stube halblegal entwickelt wurde, ist überlebensfähig geworden und in stetiger Weiterentwicklung, im Austausch mit der Welt. Eve ist so begeistert, dass Rainer seine kritische Haltung für eine Weile aufgibt. Sie sitzen noch lange vor einer der angesagtesten Kneipen der Stadt im abendlichen Sonnenlicht, mit ihnen wird in der Kulturszene zu rechnen sein.

Ein langer Sommer auf dem Land. Eine Gegend, die Eve nicht kennt und zusammen mit Rainer erkundet. Bei schönem Wetter setzen sie sich auf die Fahrräder, fahren kilometerweit, durch Wälder, an kleinen Weilern vorbei, wo Hunde träge aufstehen und sie anbellen. Ein Landgasthaus, das auf einer Höhe über dem grossen Fluss steht, lockt mit offener Tür, die ins dunkle Innere führt. Eine eifrige Gastwirtin bedient, ein paar ältere Männer sitzen Stumpen rauchend um den runden Stammtisch. Ihre Stimmen sind tief und derb. Sie reden über das Wetter, die Ernte, Neuigkeiten aus dem Dorf, über Politik. Misstrauisch schauen sie Eve und Rainer an, abwartend. Das Schweigen wird penetrant, der beissende Rauch der Stumpen füllt die Wirtsstube. «Und noch eines», sagt der eine, «ein Helles», lacht vor sich hin. Seine Frau weiss nicht, wo er sich herumtreibt, ihm gefällt es, ist eine lange Pause, die er sich gönnt. Er legt seine abgearbeiteten, grossen Hände auf den Tisch und als er zahlt und geht, klopft er kräftig mit der Faust aufs Holz. «Einen schönen noch», wünscht er und verschwindet durch die Tür nach draussen, in den dunstigen, grellen, hellblauen Tag. Der Ausflug dehnt sich, neugierig fahren Eve und Rainer über die staubtrockenen Landstrassen. Sie entdecken einen Pfad, wo sie die Fahrräder hindurch schieben können. Rechts und links Büsche voller reifer Beeren, die sie gierig pflücken und essen. Prickelnde, sauer-süsse Frische des Saftes, hupft über die Zunge in den Hals hinab. Niemand kann sie sehen. Endlos stopfen sie sich die reifen Früchte in den Mund, bis sie Stimmen hören. Zeit, sich aus dem Staub zu machen. Zufrieden und gesättigt sitzen sie auf ihren Sätteln und bewältigen die lange Strecke nach Hause im Nu.

Jeden Abend nach dem Nachtessen gehen Eve und Rainer in die Dorfwirtschaft, wo eine dicke Wirtin mit ihrem hageren Mann das Szepter führt. Eve geht mit Rainer, weil er trinken muss. Von Anfang an hatten sie jeden Abend einen Besuch in Wirtshäusern eingeplant, was von Rainer mit aller Kraft durchgesetzt wird. Eve geht mit, weil sie die Gewohnheit mag und das Beobachten der Gäste zu ihrer Lieblingsbeschäftigung gehört. Sobald sie eintreten, herrscht aufreizendes Schweigen. Rainer bestellt mit sonorer Stimme ein Grosses, Eve trinkt Mineralwasser. Manchmal trinkt sie auch ein Bier – ein kleines – oder wie anfangs einen sauren Most. Bis die Männer in der Gaststube wieder zu plaudern beginnen, vergeht eine kleine Ewigkeit. Eve starrt auf die Wirtin, die sich am Tresen aufbläst, als wäre sie ein Koloss aus Gummi, ein eingefrorener Drohkörper, von dem nur Ablehnung ausstrahlt. Mit grossstädtischer Arroganz schaut Rainer die Gäste an, redet mit Eve und vergewissert sich, ob sie zu ihm steht. Das tut Eve ganz und gar, solange die Grenze von acht Grossen noch nicht erreicht ist. Was darüber hinaus bestellt wird, sprengt sehr bald ihre Toleranz. Rainer weiss darum und beruhigt Eve mit Sätzen, dass er jetzt bald gehen wolle und nur vier Flaschen zum Mitnehmen brauche. Er lullt Eve mit seiner angenehmen, tiefen Stimme ein. Eve liebt Gemütlichkeit über dem Abgrund, dessen Kellerluft manchmal durch all ihre gewollte Behaglichkeit durchdringt und sie erschaudern lässt. Sie ist glücklich auf dem Weg nach Hause durch das stille Bauerndorf an den grossen, alten Bauernhäusern vorbei mit Gärten voller Blumen und Gemüse. Es riecht nach Land und Vieh. Frische Luft, die entspannt und friedliche Weite im Innern bewirkt.

Wenn Rainer den Alkoholkonsum steigert, ist Eve angespannt und nervös. Er will morgens nicht mehr aufstehen, obwohl sie abgemacht hatten, sich in den Schulhäusern der Umgebung zu bewerben mit den wenigen Unterlagen, die sie vorweisen können. Die Hütte wird in Eves Augen immer dunkler, schäbiger, hässlicher, wenn Rainer ausschert.

Sie solle doch allein gehen, er komme nicht mit. Einerseits strotzt Eve vor Kraft und Energie. Sie weiss, dass sie nicht untätig herumsitzen kann und Rainer auch nicht mit ihrem Angesparten, das schneller schmilzt als Schnee in der Sonne, unterstützen will. Sie fährt allein los und spürt die Sonne heiss auf sich herab scheinen. Das erste Schulhaus ist bald erreicht und die kühlen, dunklen Gänge rufen in Eve Erinnerungen wach. Nicht nur angenehme. Sie wartet auf die Pause und als die Glocke durch die leeren Gänge schrillt, weiss sie, dass nun der Augenblick kommt, in dem sie ihr Anliegen vorbringen kann. Die Türen öffnen sich und entlassen schreiende Kinder, die zum Ausgang drängen. Sie klopft an die Tür des Lehrerzimmers. Ein jüngerer Mann mit Brille und Halbglatze öffnet. Hastig stellt sie sich vor, sie gehöre zu einer Theatertruppe mit Wohnsitz in der Gegend. Ihr Theaterstück eigne sich für Schulklassen und Schülerinnen ab elf Jahren. Der Lehrer lächelt irritiert. Umständlich kramt Eve aus ihrer Tasche die zwei Zeitungsartikel hervor, ein paar nicht sehr professionelle Fotos und einen Schreibmaschinentext über das Stück. Er müsse das besprechen, ob sie ihm Fotokopien dalassen könne, ihre Telefonnummer, Adresse. «Wir haben kein Telefon», stottert Eve, «noch nicht.» Der Bescheid müsse schriftlich per Post erfolgen. «Das ist kein Problem», sagt der Lehrer in behäbigem Ton, er werde es richten. Sie könne im Schulhaus anrufen. In einem Monat. Das Stück sei durchaus interessant, aber eben, er könne es nicht entscheiden, da müsse er schon das Gremium anfragen. Figuren aus Rindsblasen und Pferdedärmen. Seltsam, er habe noch nie von sowas gehört. Ob es denn Puppentheater sei. Nein, es sei beides, Menschentheater mit Puppen, Materialien, Gegenständen. Ja, sowas habe er wirklich noch nie gehört, interessant, aber Hoffnungen könne er ihr keine machen, es liege ja dann auch am Geld. Die Gage sei etwas hoch. Doch Eve beharrt darauf. Sie weiss, dass diese Gage angemessen ist und überhaupt nicht zu hoch. Als sie wieder bei ihrem Fahrrad im sonnigen Tag steht, ist sie froh. Sie hat ihren Teil erledigt, wenn auch nicht ganz zufriedenstellend. Harmlos scheint ihr die Gegend, Landfrauen in ihren Gärten, plaudernd und die Arme seitlich eingestemmt. Bauern auf Traktoren, ihre Felder abfahrend. Überall Obstbäume, Wiesen. Eve fährt über holprige Wege hinten herum nach Hause. Rainer ist mittlerweile aufgestanden und schaut sie aus roten, verschwollenen Augen prüfend an. Sie ist dankbar, dass Rainer zufrieden mit ihr ist und sie lobt. Er komme am anderen Tag selber mit. Es gäbe ja noch genug Schulhäuser in der Gegend zum Abklappern, meint er lakonisch, Das müsse sein, von was sollten sie denn sonst leben.

Sie spielen ihr Stück im Schulhaus des Dorfes. Der Lehrer ist sofort einverstanden und organisiert freudig zwei Aufführungen für seine Schulklassen. Er verspricht die geforderte

Gage ohne lange Verhandlung. Eve und Rainer legen sich ins Zeug vor dem jungen Publikum, das heftig reagiert und übermütigen Applaus bei einschlägigen Szenen gibt. Etwa bei König Ubus Szene nach seinem Sieg über König Wenzel aus einem Zimmer seines Palastes, die in einem weggerissenen Teil des Zeitungsvorhangs spielt. Die Stockpuppe trägt als Panzer eine halbleere Verhütungspillenpackung vor seiner mageren Brust aus zusammengenähtem Rindsdarm. Zwischen seinen Beinen hängt ein kleines Püppchen mit leeren Augen, das zu haltlosem Gekicher Anlass gibt. Als ein grauer Abfallsack als gruseliger Bär auftaucht und König Ubus frierende Armee in Angst und Schrecken versetzt, johlen die Kinder. Am Schluss trägt Rainer eine Brille, deren Sichtgläser mit Zeitungsrondellen verdeckt sind. Zwei Wäscheklammern halten diese fest. Er nimmt sie nach einem kurzen Geplänkel mit Mutter Ubu ab und erklärt sein Erwachen aus dem absurden Theaterstück. Er erkennt in Mutter Ubu seine Eve wieder. So treten sie zum Schlussapplaus vor ihr junges Publikum, das tobt und pfeift. Der Lehrer ist begeistert. Er fragt, ob er sie einmal besuchen dürfe. Eve weist auf ihre ärmliche Behausung hin. Das sei kein Grund, meint der Lehrer, er finde es mutig und kreativ, wie sie leben und arbeiten. Es sei roh, voller Fantasie und Kraft. Klar gäbe es Fragen und auch die derbe Sprache, die im Stück vorherrsche, sei gewöhnungsbedürftig. Er werde das Stück mit seinen Schülern aufarbeiten, Aufsätze schreiben lassen. Er werde sie einmal besuchen. Entspannt und glücklich packen Eve und Rainer ihre Requisiten ein und laden alles auf die Gepäckträger ihrer Fahrräder. Was die Kinder ihren Eltern wohl erzählen werden? Ein lumpiges Theater, keine Märchenbühne, die glitzert und verführt, nur ein Mann und eine Frau, die mit ihren selbst gebastelten Sachen üble, alte Geschichten erzählen.

Eve beschliesst Wäsche zu waschen. Es ist Sommer, heiss und sie spannt ein Wäscheseil zwischen die Holzwände der Laube hinter dem Haus. In einem grossen alten Teekessel bereitet sie heisses Wasser. Es gibt keinen Abfluss, nur einen Wasserhahn in der Rauchküche. Das Spülwasser muss hinten in die angrenzende Wildnis geschüttet werden. Neben Eve liegt ein grosser Haufen schmutziger Wäsche, die sie in einen billigen Plastikzuber legt und das heisse Wasser samt Waschpulver darüber giesst. Sie geniesst die Hausarbeit, fühlt ihre kräftigen Arme beim Auswringen der Wäsche, die in einem zweiten Zuber gespült werden soll. Sie schwitzt und hängt die ausgewrungene Wäsche an das gespannte Seil. Schwer hängen die Teile daran und tropfen ohne Ende. Immer wieder kocht Eve Wasser auf und giesst das schmutzige, seifige Wasser ins Gras hinein. Das Wäscheseil hängt durch und das Wasser tropft in Mengen auf den Steinboden. Rainer stellt sich in die Tür und bewundert die Energie, die Eve aufbringt. Als alles gewaschen ist, setzt sie sich auf die Bank im Bewusstsein, dass sie Sinnvolles geleistet hat, nützlich ist. Sie trotzt dem mangelnden Luxus, schätzt das primitive Leben, ihre neue Behausung ist Schutz und Abenteuer zugleich.

Auf der rechten Seite des Langhauses wohnt ein altes Ehepaar. Als Eve und Rainer einziehen, fühlen sie sich allein, so still ist es und nichts von drüben zu hören. Rainer spricht oft laut mit Eve, wenn er nicht zufrieden ist. Eve versucht ausufernde Auseinandersetzungen zu meiden. Sie hat Angst, dass Rainer davonläuft und in die Wirtschaft geht. Was darauf folgt, ist für Eve so schlimm wie die Hölle. Wenn die alten Nachbarn drüben in ihr knarrendes Bett sinken und noch zwei, drei Sätze murmeln, legt Eve das Ohr an die Wand. Sie versteht nichts und bald ist totale Stille. Sie leben nebeneinander, ohne sich einander vorgestellt zu haben. Fritz hat ihnen gesagt, dass er verkracht sei mit beiden Nachbarn, dass sie engstirnig und begrenzt seien und keine Ahnung von Ästhetik hätten, keinen Geschmack, nur Stumpfsinn und Dummheit. Der alte Mann beobachtet sie, schleicht ums Haus herum, Äste knacken und Eimer, Besen, aufgehäuftes Material hinter dem Haus scheppert. Rainer spitzt die Ohren. Er fühlt sich bedroht, beobachtet. Am Tag sitzen die beiden Alten vor ihrem Hausteil und unterhalten sich. Der alte Mann sagt etwa: «Jetzt ist sie wieder rausgekommen», worauf die alte Frau nach einer Weile antwortet: «Jetzt ist sie wieder weg.» Er: «Jetzt ist sie wieder rausgekommen.» Sie: «Bald geht sie wieder weg.» Er: «Jetzt ist sie wieder weg.» Sie meinen die Sonne, denkt Eve. Sie wiederholt das Gespräch der Alten und Rainer lacht. So könnte ein Theaterstück beginnen. Zwei Alte, die zusammen mit der Sonne ein Ensemble bilden. Elementar, absurd und ätzend. Dabei klingt es sehr gemütlich und das einsilbige Gespräch zieht sich endlos hin. «Jetzt ist sie wieder weg», sagt Eve zu Rainer, der ein «Ach» ausstösst, aufsteht, Eve beim Arm nimmt und in die Schlafkammer führt: «Komm ins Bett, vögeln.»

Ein Gastspiel führt Eve und Rainer in die nahe gelegene Grossstadt in ein Kulturzentrum. Als sie nach dem Auftritt durch einen nächtlichen Park zu ihrem Hotel schlendern, schaut Eve Rainer von der Seite her an und betrachtet sein männliches Profil. Er sieht wild aus mit seinen langen, vom Spielen verschwitzen Locken, dem braunen, vor Schweiss glänzenden Gesicht. Er trägt ein hellblau kariertes Hemd mit weichem Kragen und hochgekrempelten Ärmeln. Seine Arme sind hager und sehnig. Seine Augen leuchten, er ist zufrieden. Eve kann ihren Blick nicht von Rainer lösen, dessen Freude auch sie ansteckt, trägt. Sie schöpft daraus frische Kraft, neuen Mut. Sie ist stolz auf sich und auf Rainer. Ihr Spiel hat begeistert, die Zeitung bringt anderntags eine sehr gute Besprechung. Sie erhalten vom Leiter des Zentrums eine Adresse, wo sie sich unbedingt melden sollten. Ein skurriler alter Theatermann aus dem Osten, der würde ihnen bestimmt weiterhelfen und sie in seinem Kellertheater auftreten lassen.

Am nächsten Tag werden sie von diesem zu einem Treffen eingeladen. Seine junge, attraktive Frau öffnet die schwere, alte Haustüre und lächelt sie freundlich an. Ihr blondes, langes Haar ist eine Verheissung. Im Treppenhaus hängen die verschiedenartigsten Masken und Puppen mit langen, farbigen Gewändern. Kein Fleck an der Wand ist frei. Staunend steigt Eve hinter ihr die Steintreppe hoch in grosse alte Fabrikräume. Fotos, Stock und Stabpuppen, Masken aus Europa, Afrika und Asien schauen sie von den Wänden her an, lächeln, feixen, drohen, strafen. Sie sammle sie seit Jahren, sie könne nicht widerstehen, wenn sie irgendwo in einem Laden eine entdecke. Ein alter Mann mit weissen Haaren begrüsst sie nun freudig. Er bittet sie, Platz zu nehmen. Ihr Wandertheater, dessen Requisiten und Figuren aus Weggeworfenem, Kaputtem besteht, wird besprochen, diskutiert. Der Artikel in der Zeitung hebt die Art des Spieles hervor, lobt die Kreativität, die sich an Abfall entzündet. Eve und Rainer haben allein durch diesen Artikel einen Bonus bei dem alten Herrn. Eve schaut sich verstohlen im Raum um und erkennt das Edle, Ästhetische aller von der jungen Frau gestalteten Puppen, Vorhänge, Teppiche, Bühnenbilder. Überhaupt sitzen Rainer und sie wie abgerissene Vagabunden auf den stimmungsvoll gepolsterten Fauteuils. Sie sind hier freundlich geduldet, wie lange noch? Rainer beginnt zu husten. Er werde ihnen nach dem Kaffee das Theater zeigen, sagt der alte Mann mit charmanter Herzlichkeit und schaut seine Frau bedeutsam an. Dem Fluss entlang spazieren sie Richtung Altstadt, wo sich das Kellertheater befindet. Der Himmel ist grau, der Asphalt auf dem sie sich bewegen, auch. Rainer geht neben der jungen Frau her und plaudert mit ihr. Sie fragt ihn aus und lacht über seine launigen Antworten. Eve träumt vor sich hin und bemerkt nicht, dass der Abstand zwischen ihr und den anderen immer grösser wird. Sie schnürt den Schuhbändel ihres linken Stiefels, der sich immer wieder von selber löst, betrachtet den Rinnstein, eine weggeworfene Zigarettenpackung, ein früh heruntergefallenes Blatt, die Farbe des Flusses, ein Braun-Grau, in dem sich die Bäume am Ufer spiegeln, einen Fahrradfahrer, der einen anderen laut begrüsst. Rainer und die beiden Theaterleute warten und als sie auf gleicher Höhe wie Eve sind, bemerkt sie, dass der lange Schuhbändel des linken Stiefels fehlt. Sie hatte ihn doch erst gerade wieder zugeschnürt. Das Leder mit den leeren Ösen klafft an beiden Seiten auseinander. Eve ist verblüfft, wie das geschehen konnte. Sie schaut zurück, doch es ist nichts zu sehen. Der alte Theatermann funkelt sie verschwörerisch an, sie solle warten, er werde ihn finden.

Er läuft geschwind in die Richtung, aus der sie kamen. Schon in der Ferne sieht Eve den Theatermann, wie er den Bändel triumphierend in die Höhe hält. Der alte Herr ist ins Schnaufen gekommen und lacht Eve mit bäriger Herzlichkeit an, seine Augen blinzeln und glänzen, sein ganzes Gesicht ein einziges Lachen. Ein Gentleman der Sonderklasse, dessen Eifer und selbstlose Freude sie überwältigen.

Eve und Rainer lassen sich Adressen geben von Theaterleuten, kleinen Theatern und reisen ihnen nach. Ein Auftritt in dem kleinen Kellertheater des alten Theatermannes ist abgemacht. Er sei neugierig auf ihr Stück und hoffe, dass genug Publikum da sei. In einer Szenekneipe erholen sie sich von anstrengenden Gesprächen, die immer auch Werbecharakter haben, denn sie haben Angst, sich Gastspiele zu verderben bei unpassendem Verhalten. In der Kneipe überlässt sich Rainer ganz seiner Natur, raucht, redet und trinkt. Eve telefoniert mit einem ehemaligen Schauspiellehrer, der nun überall als Regisseur Erfolge feiert. Ein gescheiter, frischer, aus den Nähten platzender grosser Mensch mit dicken Lippen. Er will sie sofort treffen und erscheint nach kurzer Zeit in der Kneipe. Eve weiss, dass er eine kleine Schwäche für sie hat und bittet ihn, seine Beziehungen spielen zu lassen, damit sie auftreten können. Er strahlt über das ganze Gesicht, als er sich zu ihnen an den Tisch setzt. Er schaut Eve bewundernd an und macht ihr

Komplimente, wie aufgeblüht sie sei, wie weich und ganz gar Frau. Er lacht ein gurgelndes Lachen und bestellt freimütig ein Pflümliwasser. Als Deutscher betont er das «li» unverhältnismässig stark. Er schreibt Eve wichtige Adressen auf. Eve plaudert ungeniert über sich, ihre Art Theater, über Rainer, der auf der anderen Seite des Tisches sitzt, still und aufmerksam alles mitverfolgt, was geredet wird. Der Regisseur interessiert sich eindeutig mehr für Eve. Das kann Rainer in diesem Fall nur recht sein. Der erfolgreiche Mann verschwindet wieder, er habe eine wichtige Besprechung. Noch ein Bier bestellt Rainer, zufrieden über die erfolgreiche Verhandlung. Es fehlt ihnen nun nur noch ein Nachtlager, gratis muss es sein, das Geld reicht für kein Hotel, ja nicht einmal für eine günstige Übernachtung.

Eve und Rainer suhlen sich im Genuss, nichts mehr tun zu müssen. Die Stunden verstreichen. Eve fühlt nach und nach eine gewisse Unruhe, die damit zusammenhängt, kein Bett für die Nacht organisiert zu haben. Sie starrt auf den weissen Schaum des ungezählten Bieres, eine stattliche Menge, die Rainers Augen verändert, vergrössert und feuchter wirken lässt. Eve ist schon längst auf Mineralwasser umgestiegen. Das Abendessen, das sie sich gegönnt haben, war nahrhaft, doch längst vorbei. Eve verzieht das Gesicht, führt endlose Gespräche mit Rainer, die keine Erlösung aus der bedrängenden Situation bringen. Plötzlich steht Rainer auf, ganz leicht schwankend, ruft durch das Lokal, ob jemand da sei, der oder die zwei armen Theaterkünstlern eine Übernachtung anbieten könne. «Warum nicht?», antwortet eine zierliche, ältere Frau mit akkuratem Pagenschnitt und lebhaften, dunklen Augen. Rainer macht sie gleich dingfest und erwirkt ein erfrischendes Lachen aus ihrem Mund. «Darf ich euch bitten, bei mir zu übernachten?» Noch ein Bier und dann sei er bereit. Ob es ein weiter Weg sei. «Nur gerade um die Ecke», antwortet sie belustigt. Und so ist es. In einem stimmungsvollen, uralten Haus in der gleichen Gasse steigen sie unzählige Treppen hoch und betreten ein Zimmer, das idyllischer nicht sein könnte. Vom Teppich zu den Gegenständen wandern Eves Blicke. Augenweiden überall. Der Blick aus dem Fenster auf die malerische Gasse hinunter, gefällt ihr. Matratzen sind schnell herbeigeschafft. Sie heisse Uta, sagt die Frau lächelnd. «Morgen sehen wir uns zum Frühstück.» Die Ruhe, die jetzt eintritt und Eve von ihren Sorgen befreit, will genossen sein. Rainer ist betrunken und legt sich hin. Eve schaut vom Bett her durchs Fenster in den nächtlichen Himmel. Sie wünscht sich, dass die Stunden stehen bleiben, damit sie endlos nachdenken und sich sammeln könnte.

Bevor sie in ihr ländliches Domizil zurückfahren, machen Eve und Rainer einen Abstecher in die nächste grössere Stadt. Ein Artikel in einer Fachzeitschrift für Puppenspiel beschrieb ein neu gegründetes Theater in einer alten Fabrik. Der Gründer, ein findiger, virtuoser jüngerer Mann, hatte sich ein Repertoire mit Stücken für Kinder und Erwachsene erarbeitet, das anregend beschrieben wird. Das Porträt von ihm gefällt Eve und Rainer, seine Theaterpuppen in einer fotografierten Szene bereiten ihnen Freude. Unangemeldet, auf gut Glück wandern sie mit ihren Koffern zum Theater. Unweit vom Bahnhof, hinter den Gleisen, ein alter Bau, unrenoviert, malerisch verkommen und abgenutzt. Im unteren Stock befindet sich ein Elektrobetrieb, lautstark wird gearbeitet, gehämmert, gesprochen. Der Wegweiser führt sie in den ersten Stock vor eine breite, blau gestrichene, alte Türe. Auf ihr Klingeln und Klopfen meldet sich niemand. Nach einer Weile drückt Eve die Klinke hinunter, sie treten ein. Ein schöner Buche-Parkett-Fussboden im Fischgräten Muster verlegt, liegt vor ihnen, knarrt bei jedem Schritt. Ein improvisiertes Foyer, von dem ein paar Räume abgehen, deren Türen alle geschlossen sind. Geräusche lassen vermuten, dass jemand am Arbeiten ist. Sie öffnen die hohe Türe auf der linken Seite. Vor ihnen liegt ein grosser Saal mit vielen, hohen Fenstern. In einer Ecke steht ein Mann hinter einer Werkbank, der sie mit blitzenden, blauen Augen mustert und zaghaft anlächelt. Genau die richtige Ansprechperson für sie, der Gründer des Theaters, Matthias, dessen Porträt sie in der Zeitschrift gesehen haben. Er betrachtet sie eine Weile neugierig, schalkhaft und fragt, was sie wünschen. Der sympathische Mann löst ihre Zungen. Anfangs stockend, dann immer flüssiger, erzählen sie von ihrem Wandertheater und ihrem ungefälligen Ensemble, den Requisiten in den alten Koffern. Weisen drei Zeitungskritiken vor und ein paar Fotos. Sie stossen auf Interesse und Spontaneität. Matthias engagiert sie für den November für drei Gastspiele mit Gage. Er erzählt von sich, seinem neuen Stück, der grossen Puppenbühne, zeigt ihnen einen Kopf, an dem er arbeitet. Sein Lachen steckt an, ein humorvoller Mann und ganz nach ihrem Sinn. In der Hoffnung, er ziehe sein Angebot nicht noch zurück, verabschieden sie sich freundlich, einen handgeschriebenen Vertrag im Gepäck. Das muss gefeiert werden in der urältesten Szenekneipe der Stadt. Sie bleiben Stunden dort sitzen, bei Bier und Essen. Später taucht Matthias auf. Eve erschrickt und freut sich gleichzeitig. Er soll nicht sehen, dass sie ein Vagabundenleben führen. Später erfahren sie, dass er sie, Kollegen und Freunden gegenüber, als kleine Sensation der anderen Art beschrieben habe. So ein spannendes, aber vergammeltes, verschlamptes, verlaustes junges Paar habe er noch nie gesehen, er habe seinen Augen nicht getraut. So neben den Schuhen und abgerissen.

Ein verwilderter Vorgarten befindet sich vor dem Mittelteil des uralten Langhauses, in dem Rainer und Eve hausen. Erschöpft von der Reise, den teils unkomfortablen

Übernachtungen, den vielen Kontakten sitzt Eva an ihrem Holztisch und starrt durch die unebenen Fensterscheiben in eine leicht verwackelte Pflanzenwelt. Hohe Gewächse, die wie dünne Menschen mit weissen Hüten und riesigen Blätterpranken im wuchernden Grün ringsum stehen, verdecken die Sicht in ihre Stube und umstehen sie wie Wächter. Eine nervöse, blonde, junge Mutter geht mit ihren schreienden Kindern am Haus vorbei, sie ist am Anschlag, verwirft gestikulierend die Arme, bleibt stehen, schimpft auf die ungehorsamen Buben ein und entfernt sich in Richtung Dorfladen. Ihr Zetern ist weithin zu hören. In der Stube riecht es nach Staub, Asche, Holz und Rauch. Rainer beginnt Gemüse zu rüsten, eine geöffnete Bierflasche steht auf seinem Tisch. Eve legt sich hin und schläft ein. Irgendwann ruft Rainer, die Suppe sei fertig. Eve liebt Rainers Eintöpfe, sie schmecken, Gemüse, Kartoffeln, Speck. Eve füllt ihren Teller mehrere Male. Den grössten Teil des Kochspecks überlässt sie Rainer. Eve übernimmt das Abwaschen. Sie kocht heisses Wasser auf dem blauen, weiss gesprenkelten Emailkocher aus Grossmutters Zeit, stellt das Geschirr in die Plastikwanne und giesst das heisse Wasser mit Spülmittel darüber. Am Schluss leert sie das fettige Wasser hinter das Haus. Der Boden ist an der Stelle, wo Eve täglich abgiesst, feucht und kahl. Hinter dem Haus ist es grün, alles wächst üppig, Sträucher, Blumen, hohes Gras, Vögel hüpfen darin herum, Katzen lauern auf sie.

Ab und zu zerreisst ein hoher Schrei eines gejagten Tieres die abendliche Stille.

Nach dem Frühstück begeben sich Rainer und Eve immer mal wieder zur alten Mutter von Fritz. Sie bewohnt das kleine Häuschen, wo früher die Grosseltern hinzogen, wenn die Kinder erwachsen wurden. Im vorderen Langhaus, wo Eve und Rainer jetzt hausen, wohnte schon lange niemand mehr, die Traditionen von früher sind zerbröckelt. Doch die Oma, wie die beiden die alte Frau nennen, liebt ihr Häuschen. Sie freut sich über den morgendlichen Besuch und kocht Kaffee. Sie springt zum Ofen, stellt die Kanne auf den Herd, fragt sie, wie es ihnen gehe. Sie selbst sei munter und freue sich auf jeden Tag. Sie lacht und ihre hellblauen Augen strahlen. Sie ist hager, recht gross, quirlig und voller Humor. Eve und Rainer trinken Kaffee, rauchen ihre Zigaretten bis die Stube grau ist und die Oma zu husten beginnt. Jeden Morgen sind sie nun bei der Oma. Irgendwann sagt sie ihnen, ob sie wohl das mit dem Rauchen lassen könnten, sie spüre es in der Lunge. Sie entschuldigt sich mehrere Male und Eve ist beschämt über ihr gedankenloses Verhalten. Als sie im Herbst auf ihre erste Tournee gehen, klopft die Oma an die Türe des hinteren Eingangs. Sie überreicht Eve eine rote Rose mit langem Stiel. In ihren wasserblauen Augen schimmern Tränen. Die letzte Rose, deklamiert sie mit herzlichem Pathos.

Strahlendes Publikum im Fabriktheater. *König Ubu* ist ein grosser Erfolg im Theater des Puppenspielers. Eve und Rainer spielen immer virtuoser, gelassener und erfreuen ihr Publikum mit ihren abstrusen Requisiten aus dem Abfall, den Puppen aus Rindsdärmen und Schweineblase, dem unkonventionellen, wilden Spiel, dem frechen Überschreiten theatralischer Gesetze und der naiven Überzeugung, mit der sie auftreten. Nach der Aufführung sitzen sie im alten Wirtshaus hinter dem Theater, essen und trinken und hören überrascht, welche Begeisterung sie auslösen. Der junge Mitbegründer des Theaters, ein kluger, witziger Student schreibt gleich einiges auf und will einen Presseartikel für eine Fachzeitschrift des Puppentheaters schreiben. Eine neue, ureigene Form sei da entstanden, verbunden mit einem Freigeist, dem Mut zur Anarchie und einem Leben in Armut, das Opfer für das unangepasste Leben, alles in allem eine Pionierleistung. Eve und Rainer sind willkommen und werden eingeladen, ihre Premieren neuer Stücke künftig im Fabriktheater zu spielen. Das ist ermutigend, das Essen schmeckt noch einmal besser, das Bier prickelt noch etwas mehr, die Gelöstheit, die mit der Freude, willkommen zu sein, einhergeht, ist an diesem Abend nicht zu übertreffen.

Rainer liest Blaise Cendrars, fabuliert Eve von einer Umsetzung einer Erzählung mit Wachsgesichtern, die auf einem

Tisch nebeneinander liegen und an die Decke starren. Er schreibt an einem Theaterstück, das den Titel *Der Geächtete* erhält. Es umkreist die Geschichte eines aus der Gesellschaft Verstossenen, der zum vagabundierenden, heimatlosen Bettler wird. Er bastelt ein Modell und giesst eine Kiste mit Sand aus, über den ein Protagonist aus Draht wandert. Das zierliche Drahtgebilde wirkt in der Abstraktion höchst lebendig, stapft stumm vorwärts über den Sand, in dynamischer Bewegung erstarrt. An einigen Stellen hat Rainer ein paar Körner Reis hingestreut, die die kärglichen Mahlzeiten des Helden symbolisieren. Eve betrachtet das Modell, bewegt die Figur, stellt sich ihre Absichten vor, ihr Ziel. Klar, dass die damit agierenden Schauspieler im Vergleich gross und mächtig wirken, sie können das Drahtfigürchen in einem Moment zerstören und wenn sie die Laune packt, alles samt Kiste wieder in die Abfallgrube schmeissen, wo es herstammt. Doch es bleibt in der Zimmerecke auf dem Boden stehen, offen für Interpretation, Assoziationen, spielerischen Umgang. Macht und Ohnmacht zeigen sich anschaulich.

Rashomon ist ihr nächstes Stück. Aus der Abfallgrube sind die Materialien für die Puppen. Zwischen den Obstbäumen hinter dem Häuschen der Oma träumen sie von grossen Figuren, acht an der Zahl, die an Bambusstäben hängen wie an Fischruten. Die elastischen Stäbe seien fähig, die Puppen durch die Luft schwingen zu lassen, als wären sie Geister und nicht von dieser Welt. Die junge Frau, ihr Mann, der Räuber, der Priester, das Medium, der Richter. Eve beginnt zuerst mit den Köpfen, lebensgrossen, ausdrucksvollen Gesichtern. Es ist eine japanische Geschichte des Dichters Akutagawa. Die junge Frau, die mit ihrem Mann durch ein Wäldchen reitet und von einem Räuber beobachtet wird. Der kurz vom Wind gelüftete Schleier entdeckt dem Räuber das schöne Gesicht der Frau und er will sie körperlich besitzen. Er stoppt die beiden und zeigt dem Mann ein Schwert, das er gerade gefunden habe, und als der Mann neugierig absteigt und in die Richtung des angeblichen Fundes geht, schleicht der Räuber hinter ihm her und fesselt ihn. Er vergewaltigt vor seinen Augen die Frau, die sieht, wie ihr am Boden liegender Mann sie danach verachtungsvoll ansieht. Sie reicht ihm ihren Dolch, er solle sie erstechen, da er es nicht tut, ersticht sie ihn. Das ist eine Version der Geschichte, die vor dem Gericht aus verschiedener Sicht von einigen Zeugen erzählt wird. Was ist Lüge, was Wahrheit. Man weiss es bis zum Schluss nicht, kennt aber verschiedene Versionen der Zeugen des Verbrechens. Das Gesicht von Makato, der jungen, schönen Japanerin besteht aus milchig-leuchtendem Schaumstoff, zwei schwarzen Mandelaugen, einem roten, vollen Mund, einer hübschen Nase. Sie bekommt ein langes, gelbes Kleid aus weggeworfenen Vorhängen, das ihr luftig um den körperlosen Leib flattert. Der Holzfäller, dessen Gesicht aus einem grossen, halbledernen Waldarbeiterhandschuh gefertigt ist, kriegt einen Rock aus alten Jute Kartoffelsäcken. Die Holzfällerpuppe riecht streng, ein Geruch, der sofort in die Nase steigt, an mühsame Arbeit der Knechte und Bauern erinnert, die Eve im Dorf begegnen und die sie bei ihrer harten Feld- und Waldarbeit beobachtet. Das Gesicht des Priesters malt Eve auf die Aussenseite einer weggeworfenen Schildmütze aus Leinen, ein kleines Mündchen, heuchlerische Augen, die schräg nach oben blicken und eine gerade, mittelgrosse Nase. Die Gesichtsfarbe tendiert ins Rötliche. Eve erinnert sich an einen Priester, der in der Kirche des Dorfes, wo sie aufwuchs, predigte und Messen las. Ein glatzköpfiger Mann mit sehr beherrschten, wächsernen Gesichtszügen und stechenden Augen. Der tote Ritter liegt in einer Backmulde aus Holz, sein Gesicht, grobes, nasswirkendes Gewebe, Zerfall andeutend, sein Ritterhelm, ein staubiger, gebrauchter Blumentopf aus schwarzem Kunststoff. In der Wildnis hinter der Hütte wird geprobt, die Puppen schwingen wie grosse, tieffliegende Schmetterlinge durch den Garten, bleiben da und dort an Sträuchern hängen, verfangen sich in den unteren Ästen eines Zwetschgenbaumes. Die Nachbarn von links und rechts schauen bewundernd zu, verschwinden aber schnell, wenn sie entdeckt werden. Eve und Rainer sind hingerissen von den schwebenden Figuren, schreiben

Texte und eine auf sie zugeschnittene Rahmenhandlung. Es wird ein verwirrendes, archaisches Stück, das aufwühlen wird. Zu radikal für die Zeit, voller wilder Spielfreude und Lust am makabren Geheimnis und ihrer Lebenssituation, einem Wanderschauspielerpaar, welches neben den Theaterauftritten auch noch einen Stand mit Wienerwürstchen führt, um die Menschen anzulocken.

Der alte, ehemalige Lehrer der Dorfschule sucht sie auf. Er überrascht Eve und Rainer in der Hofstatt hinter dem Häuschen der Oma, er habe nach dem Meister gefragt und zur Antwort bekommen, die Schauspieler seien hinter dem Haus. Eve begrüsst den alten Mann überrascht und Rainer geniesst einen Augenblick das Wort Meister, das ihm zugedacht war. Der Mann verbeugt sich und stellt sich ihnen als Lehrer im Ruhestand mit Namen vor. Er trägt robuste, graue Bügelfalten Hosen und ein solides, weisses Männerhemd. Sein Gesicht ist faltig, braun von der Sonne, breit, mit weit auseinander stehenden, nussbraunen, funkelnden Augen und einem grossen, charmant lächelnden Mund. Er geht am Spazierstock und bewundert die lebensgrossen Puppen an den Bambusruten. Eve schwingt sie durch die Luft, Rainer tut es ihr mit der Priesterpuppe nach, Makato und der Priester schweben in zwei Metern Höhe mit flatternden Kleidern aneinander vorbei. Das ist ein ästhetischer Genuss, ruft der Lehrer aus und lädt sie spontan zu sich nach Hause ein für den nächsten Abend. Das spätsommerliche Wetter ist mild, das Licht sanft, leuchtet durch die Gräser hindurch, die dadurch ein bisschen entrückt, irreal wirken, als wären sie blosse Illusion, im Nu verschwunden. Eve prägt sich die Stimmung ein, die Schönheit des Augenblicks überwältigt sie.

Das Haus des alten Lehrers steht unten im Tal in der Nähe des Flusses. Es ist stattlich, geräumig und schön anzuschauen. Als sie am Gartentor stehen, huscht eine alte Frau mit weissem, locker zu einem Knoten gebunden Haar an ihnen vorbei ins Haus. Ein Tuscheln ist hörbar, die sonore Stimme des alten Mannes, der sich für den Empfang bereit macht und lachend, mit jovialen Gesten und gemessenen Schrittes auf Eve und Rainer zukommt, sie ins Haus bittend. Sie treten in einen dunklen Korridor, von dem Stube und Küche abgehen. Er zitiert seine Frau herbei, die sie hinter der Küchentür mit den Pfannen klappern hören, sie solle die Gäste begrüssen. Eine Minute ruft sie und steht dann plötzlich da, eine kleine, zierliche Frau mit einer besonderen Ausstrahlung. Sie mustert mit grossen, lebhaften, grünen Augen erst Eve, dann Rainer und schüttelt ihnen kräftig die Hand. Eigenwillig, lebhaft und wild wirkt sie, gleichzeitig kühl und beherrscht. Sie schwirrt wieder in die Küche, alles sei bereit, sie müsse nur noch mal durch den Garten. Sie öffnet die Küchentür einen Spalt breit und zwinkert Eve verschwörerisch zu. Eve gefällt die Frau, sie erinnert sie an ihre Mutter, dieselbe Spontaneität, derselbe Schalk und Charme. Sie sitzen nun in der Stube am gedeckten Tisch, der Lehrer schmunzelt vor sich hin, stellt Fragen und erzählt von der Dorfschule, den Schulklassen und dass seine Frau einst Schülerin von ihm war. Vor vielen, vielen Jahren. Ein aufgewecktes, gelehriges Mädchen, das ihm Eindruck gemacht habe. Er habe sie nicht vergessen können und da sie sich immer wieder mal begegneten, habe er begonnen, um sie zu werben. Sie habe es ihm schwer gemacht. Doch schliesslich wurden sie ein Paar und er sei froh um sie. Frohlockend, mit einer Schüssel voller dampfender, wohlriechender Suppe, kommt die alte Frau durch die Verbindungstür, die von der Küche zur Stube führt, stellt die geblümte Porzellanterrine mitten auf den Tisch. Nein, es sei keine Selbstbedienung, sie bediene jedes der Reihe nach, erst die Gäste. Ladies first. Es sei ihre Suppe, die sie hier serviere. Sie nenne sie die Durch-den-Garten-Suppe. Die grünen Kräuter schwimmen in der hellbraunen, klaren Suppe, Möhren, Lauch, Spinat, das Rezept bleibt geheim, das Resultat schmeckt und Stille tritt ein, nur die Löffel hört man, unterbrochen von genüsslichen Lauten unartikulierten Lobes auf die Köchin. Rainer beginnt vom Künstlerleben zu erzählen, dem Theater, der Lust mit einem Karren und all den Requisiten darauf, durch die Lande zu ziehen. Um den Bodensee zum Beispiel. Der Lehrer steht auf, rezitiert: «Mein Hund ist der grösste Schauspieler. Wenn er hungrig ist, tut er so, als ob er mich liebt.» «Heinrich, hör auf dich lustig zu machen.» «Margret, das ist nicht lustig, es ist wahr.» Alle lachen. Margret steht auf und kündigt eine kurze Pause vor dem zweiten Gang an und bittet Eve in die Küche. Eine uralte Küche mit blitzenden Geräten, Kupferpfannen, schwarzen Schmortöpfen, vielen Kellen, Holzlöffeln. Ein Fleischgericht schmort im Eisentopf auf dem Herd. Sie wärme jetzt die Teller im Ofen, das Gericht sei gleich fertig, die Nudeln, das glasierte Gemüse, das in Burgundersauce geschmorte Fleisch. Eve könne dann die Teller zum Tisch bringen. Sie schaut Eve an. Ob sie ihr ein Geheimnis anvertrauen könne. Eve ist erstaunt, bejaht. Margrets Augen funkeln, sie sei gar nicht so, wie sie wirke. Sie sei manchmal sehr böse. Ihr Mann wisse das nicht, er spüre es nicht. Sie schimpfe vor sich hin in der Küche, sei ungehorsam ihrem Mann gegenüber, foppe ihn, treibe Scherz mit ihm, ohne dass er es merke. Männer seien so naiv. Hauptsache das Essen schmeckt ihnen. Dafür sorge sie. Doch ihr geheimes Leben lebe sie voller Genuss und ihr Reich sei der Garten. Eve ist begeistert, spürt Abgründe und viel Gemeinsames. Eve ist aber eher zurückhaltend, lieb und vorsichtig. Der zweite Gang begeistert, das Fleisch ist mürbe, die Sauce himmlisch, das Gemüse knackig und frisch im Geschmack. Der Genuss hält an, den ganzen Abend lang, bei Käse, Birnen, Kaffee und Cognac. Margret geht auf in ihrer Rolle als Gastgeberin mit dem Geheimnis, das sie Eve anvertraut hat. «Wir wiederholen dies bald», sagt der alte Lehrer beim Abschied und Margret lächelt Eve an. Durch die kühle Nachtluft gehen sie in ihre ärmliche Behausung zurück, erfüllt von den Geschichten der beiden Alten, ihrer Freude, ihrer ungebrochenen Vitalität.

Abends, wenn sie in der Dorfkneipe sitzen, erzählt Rainer aus seinem Leben bevor er Eve kannte. Die dicke Wirtin lehnt am Tresen und gafft zu ihnen hinüber. Durch ihre Brille mit breitem, braunen Rand beobachtet sie Eve und Rainer und zapft übermässig eifrig das nächste Bier für Rainer. Seine Cousine habe ihn verführt. Siebzehn Jahre war er alt und sie, die viel ältere Frau wurde seine Geliebte. Als Lehrerin und gescheite Person beeindruckte sie den jungen Mann. Zum ersten Mal habe er mit jemanden über Bücher reden können. Dort habe er das Trinken angefangen. Weisswein trank die Frau literweise. Er habe furchtbare Zustände durchlebt, wochenlang sei er gelähmt und krank gewesen vom vielen Alkohol. Er sei von der Schule geflohen, habe nur die Reifeprüfung und keinen Abschluss gehabt. Er habe Schauspieler werden wollen. Im Gymnasium sei sein Übername Maxe gewesen, nach Max Reinhardt, dem genialen Schauspieler und Regisseur, der in Berlin sein weltbekanntes Theater aufgebaut hat. Seine Aufnahmeprüfung an der staatlichen Schauspielschule sei sehr erfolgreich gewesen, man habe ihm vieles zugetraut. Er habe sich dort aber bald gelangweilt und unterfordert gefühlt. Habe sich in eine Studentin verliebt, so sehr, dass er ihr auch in eine Weltstadt nachfolgte, in der sie ihre Schauspielausbildung zu Ende führen wollte. Er habe zu wenig Geld gehabt, immer wieder getrunken, von Kneipe zu Kneipe gezogen und stockbesoffen auf einer Bank gesessen. Er sei zum Stricher geworden, habe dadurch überlebt. Er habe Riesenschwänze in der Hand gehabt, er habe den Mann bedauert. Habe alles über sich ergehen lassen, besoffen wie er gewesen sei. Immer wieder sei es passiert, dass er am Morgen nicht wusste, wo er sei, und sich nur halb an das Geschehene erinnern konnte. Er habe die Strassenbahnen singen hören, elektrische Leitungen hätten zu ihm gesprochen, die Strasse habe wie ein Pappkarton gewackelt unter seinen Füssen, tagelang habe er sich ausnüchtern müssen. Die verehrte Frau habe ihn aufgenommen und er habe mit ihr in einem Taxi ein Kind gezeugt, seinen Sohn. Das sei viel zu schnell gegangen, er sei kaum zwanzig Jahre alt gewesen und Vater geworden. Die Geburt des Sohnes habe er nicht erlebt, da er betrunken in einer Kneipe sass und seine Beine ihn nicht mehr trugen, als er aufstehen wollte. Eve sieht alles vor sich, wie in einem Film. Es ist, als hätte sie ihr bisheriges Leben in einer allzu friedlichen, geschützten Ecke verbracht, trotz ihrer Unsicherheiten und Probleme. Er sei dann zehn Jahre mit der Frau verheiratet gewesen, sei

Hausmann gewesen und habe versucht zu schreiben. Mit den zwei Söhnen sei er gern durch die nahegelegenen Felder gelaufen. Habe sie aber auch immer wieder vernachlässigt. Als er einen Job in einer entfernteren Stadt bekommen habe als Lektoratsassistent, habe er in einem feuchten Kellerloch gehaust mit dem jüngeren Sohn zusammen, der unbedingt mitgehen wollte. Er habe den Knaben des Öftern vergessen, sei erst spätnachts nach Hause gekommen. Der Junge habe geweint, sei ausgehungert gewesen. Das habe nicht gut gehen können. Er sei dann auch nicht mehr zur Arbeit gegangen und abgerissen und verkatert mit seinem Sohn an der Hand zur Frau zurückgekehrt. Später habe er eine Stelle als Schauspieler in einem Stadttheater bekommen und die Frau wollte nicht nachziehen. Sie blieb dort, wo sie war, in ihrem zweiten Beruf als Krankenschwester. Es habe ihm gefallen, als Schauspieler zu arbeiten, habe ein weiteres Angebot bekommen und sich dort in die Regieassistentin verliebt. Er habe seine Familie komplett vergessen und sei mit der neuen Freundin unbeschwert durch die Kneipen gezogen. Seine Frau sei ihm nachgereist, habe in der Wohnung gestanden, wo er mit der Freundin lebte, sie habe gefleht, ob er zu ihr und den Kindern zurückkomme. Er habe nicht gewollt. Habe sie verscheucht. Nach ein paar Monaten sei er geschieden gewesen, die Frau habe es so gewollt und er habe nie etwas zahlen müssen, arm wie er war. Rainer ruft die Wirtin herbei, die jede Bewegung im Raum blitzschnell wahrnimmt, er wolle zahlen. Die Stammtischrunde verstummt, fünf kräftige Männerhälse wenden sich zu ihrem Tisch, zehn Augenpaare richten sich auf sie. Einer von ihnen hat grosse, hellblaue Augen, glotzt sie hemmungslos an, bis sie aufstehen, sich verabschieden und die Tür öffnen. Rainer möchte dazu gehören, angenommen sein. Er wird sich immer als Fremder fühlen, beobachtet, beschimpft und verfolgt. Das Dorf und seine Bewohner werden ihm Albträume bescheren, er wird beinahe wahnsinnig werden. Angst, Alkoholexzesse werden ihm so zusetzen, dass er sich nirgendwo mehr sicher fühlt. Eve ist froh, wenn sich die Wirtschaftstüre hinter ihnen schliesst. Das Dorf will sie beide nicht, es gibt aber Ausnahmen. Der Lehrer, die Lehrerin, Herr Pfarrer und Frau Pfarrer, ein Bauer, eine Bäuerin und noch ein, zwei mehr.

Mit ihrem Stück, das sie *Im Dickicht* nennen, dürfen sie die Premiere in einem bekannten Kleintheater spielen, das ihre Aufführung als Katze im Sack gekauft hat. Das Publikum ist neugierig und kommt in Scharen. Das chaotische Stück, das vor Spielfreude, Unlogik und prallem Lebenshunger strotzt, keine kontinuierliche Handlung hat, dafür mit verrückten Bildern spielt, lässt das Publikum am Schluss in Totenstille verfallen, was einer Sensation gleichkommt. Noch nie ist so etwas hier erlebt worden. Eve und Rainer stehen stolz an der Rampe, nachdem sie sich verbeugt haben, einen Applaus erwartend, der nicht eintrifft. Zwei, drei Klatscher. Verschwitzt, zufrieden, verunsichert lächeln sie den im Raum verbliebenen Menschen zu, die immer noch still dasitzen, dann aufstehen und gehen. Beinahe wortlos werden sie vom Veranstalter zum kleinen Hotel gebracht und verabschiedet. Beklemmend alles. Sie beide sind in diesem Stück zu Hause, es ist ihre geschaffene Welt, ein Stück mit lebensgrossen Figuren, einem archaisch-erotisch aufgeladenen Wandertheaterpaar, das zu Beginn des Spiels aus einer leeren Pfanne isst und sich fragt, wo es sei. «Ungefähr in der Mitte», sagt sie. Im Norden, Osten, Westen Süden. Überall kann man Würstchenstände aufbauen und sie schreiend anbieten. Irgendwann hüpfen die grossen Figuren an Stelle der Würstchen über den aufgebauten Brettertisch und erzählen die japanische Geschichte vom Räuber im Wald, der das schöne Paar überfällt und den Ritter ermordet. Wer ist hier schuldig, wo ist die Wahrheit zu finden im Dickicht der Aussagen. Die Presseartikel zur Aufführung sind aufregend. Die bürgerliche Zeitung lobt den Erfindungsreichtum, kreidet aber die Obszönitäten und Unlogik, das Verwirrliche, vor den Kopf stossende der Aufführung an. Die andere Zeitung wirft Fragen auf, doch lobt sie das Stück als sinnliches, revolutionäres Erlebnis, ja als grosses Theater, das es geschafft habe, die Menschen zu berühren, verstummen zu lassen, ratlos zu werden. Ja, eigentlich wollten Eve und Rainer das bewirken, unbewusst und naiv vielleicht, doch ohne sich zu bremsen, in dem sie die Erwartungen des Publikums durchkreuzten, unkonventionell in Szene setzten, was ihnen, erfindend, spielend, fantasierend zum gewählten Stoff einfiel.

Ein Zufall, ein abgesagtes Gastspiel einer anderen Theatertruppe ermöglicht es Eve und Rainer in einem bekannten Kellertheater einer Weltstadt zu gastieren. Sie sollen ihre beiden Stücke spielen und das zehn Tage lang. Sie greifen zu und reisen mit ihren vielen alten Koffern, Riesenbrettern, zusammengebundenen Stabfiguren in Menschengrösse im Zug. Umsteigen bedeutet viel Mühe, Eve ist aufgeregt, weiss nicht, wo anpacken. Rainer beschimpft sie, er betitelt Eve mit Eigenschaftswörtern und Substantiven, die anständige Leute schockieren. In heller Verzweiflung schleppen sie die viele Gepäckstücke über die hohen Eisenstufen ins Zuginnere. Keifend, weinend, im höchsten Grad entnervt. Rainer läuft der Schweiss über das bleiche, angespannte Gesicht. Auf der Weiterfahrt starrt er Eve an, entschuldigt sich, nachdem er sich beruhigt hat. Eve freut es, dass Rainer sich entschuldigt. Doch sie hätte auch so weitergeschleppt, sich geängstigt. Ihre ungewöhnliche, raumgreifende Bagage wird neugierig gemustert, niemand will etwas damit zu tun haben. Doch ein junger, freundlicher Mann hilft ihnen beim Ausladen. Eve schaut ihn dankbar an, sie ist dünnhäutig, es braucht wenig, sie an den

Rand zu bringen. Rainer ist äusserst nervös und flucht herum, dass die Passanten verängstigt ausweichen. Sie werden in Ruhe gelassen. Es gibt die Gepäckaufbewahrung, das ist ein Glück für sie. Auch der Handwagen, den sie als Reisegepäck verschickten, ist angekommen. So suchen sie auf dem Stadtplan das Theater, das sich im Zentrum am Fluss befindet. Eine alte Frau erklärt ihnen den Weg, als sie nicht mehr weiterwissen. «Nach dieser Strasse hier biegen Sie links ab, dann kummen's zum Friedensengel», sagt sie mit warmer, tiefer Stimme. Eve hat Tränen in den Augen, sie fühlt sich der Frau unendlich nahe.

Helle Sonne auf den Oktoberfestwiesen, die grün und voller Wespen sind. Das Theater ist im Keller des Landtags. Der Leiter, ein grauhaariger Herr mit hagerem Gesicht begrüsst sie und zeigt ihnen das Theater, die Bühne und die Garderobe. Alles ist gemütlich, pudrig, düster, die Sessel im Saal aus rotem Plüsch. Die Assistentin freut sich, wirkt sinnlich wohl in ihrem Fleisch, breite, rote Lippen, volles, hübsches Gesicht, hellbraune, lange Haare. Gisela nennt sie sich. Ihre Augen leuchten abgründig, als sie ihnen ein Schnäpschen anbietet. Das sei doch im Theater üblich, ein hochprozentiger Willkommensgruss. Sie stossen an. Urgemütlich. Schnell kritzelt die junge Frau eine Adresse auf einen Zettel. Dorthin begeben sich Eve und Rainer später. Doch erst holen sie ihren Anhänger vom Bahnhof ab, beladen ihn mit den Brettern, Koffern, Tüchern, die sie mit einem dicken Seil an den Stangen des Wagens befestigen. Es ist angenehm, zu gehen, federleicht fühlen sie sich, trotz der Lasten, die sie ziehen. Der Handwagen wurde von einem Tüftler aus ihrem Nachbarsdorf, dem Rainer aufgefallen war, zusammengesetzt. Fahrradräder auf beiden Seiten und grün lackiertes Eisengestell für das Gepäck. Der Tüftler und seine Frau waren begeistert von Rainers Plan, damit um den Bodensee zu laufen als Wandertheater. Eve wird auch eingeladen und freut sich an den begeisterten Leuten und dem feinen Essen, das sie ihnen servieren. Hier in der Grossstadt fühlen sie sich gerade so gut wie im Dorf. Sie begeben sich zum Hofbräukeller, der gross, grau, uralt und leer ist. Einzelne Männer sitzen vor Riesenbierkrügen und starren vor sich hin. Rainer staunt, ob der Humpen und gönnt sich einen Halben, der dagegen beinahe niedlich wirkt. Eve bestellt ein Kleines und noch ein Kleines, dazu Kartoffelsalat und Wurst.

Das Kellergewölbe unter dem Landtag verdoppelt den Klang des Applauses. Eve und Rainer haben es geschafft. Schwitzend präsentieren sie sich am Rand der Bühne, immer wieder werden sie herausgeholt vom begeisterten Publikum. Der Leiter des Theaters ist stolz auf sie. Er stellt sich in ihre Mitte und verbeugt sich mit. In der Garderobe sinken sie auf das altrosa, ausgebleichte, durchgesessene Sofa. Die

Assistentin reicht ihnen Weisswein und grinst breit dazu. Lange sitzen sie da, trinkend, essend, schwatzend. Auf dem Heimweg, den sie gar nicht kennen, verirren sie sich. Lange, breite Strassen, immer die gleichen hohen Häuser, sich ähnelnde Ecken und einsetzender Regen verunsichert sie. Rainer ist betrunken und ungeduldig. Er schreit Eve an, ob sie den Plan nicht lesen könne. Seine Augen funkeln wie im Wahn. Es sei doch ganz in der Nähe, erklärt Eve verschüchtert. Sie weint, als Rainer sie immer hässlicher beschimpft. Ein Passant, den sie anredet, erklärt Eve, dass die Strasse gleich an der nächsten Ecke beginne. Der Regen vernebelt Eves Augen, Rainer läuft hinter ihr her, ausser sich vor Wut und stockbesoffen. Als sie vor ihrer Wohnadresse stehen, ist Eve beruhigt. Im Hausflur tropfen ihre nassen Kleider auf den Steinboden, der mit regelmässigen, rostroten Vierecken verziert ist. Rainer lehnt sich an die Wand und fixiert Eve mit leeren, bösen Augen. Eve geht auf ihn zu, will ihn küssen. Da erhält sie eine schallende Ohrfeige, so schmerzhaft, dass sie zu Boden fällt. Sie schluchzt, unaufhaltsam, die Treppen zur bezeichneten Etage hochsteigend. Der Schlüssel lässt sich problemlos ins Schloss stecken und darin herumdrehen. Dunkle, stille Räume erwarten sie. Rainer stürzt taumelnd in die Wohnung. Ein Zettel klebt an einer Zimmertür, falls die Matratze nicht reiche, es gäbe noch ein Bettsofa im Salon. Rainer spricht unverständliches Zeug. Er legt sich in den Kleidern hin und sieht erbärmlich aus. Eve fühlt sich erniedrigt, schlecht, sie hat rot geweinte Augen. Die Ohrfeige hat ihr Auge aufschwellen lassen, alles blau darum herum. Rainer ist längst in schnarchenden Schlaf gefallen. «Wo doch alles so gut ging», sagt sie zu Rainer. Er ist kein Mensch, er ist nichts weiter als ein Unhold, Grobian, Saufbruder. Vater und Mutter Ubu, die Spielobjekte und Gegenstände liegen derweil still und starr unter dem zerfetzten Zeitungsvorhang auf der Bühne unter dem Landtag. Schon bald werden sie wieder leben, sich bewegen, sprechen, lachen, schreien, ihren Krieg führen in der Ehe und auf dem Schlachtfeld.

Eve lässt Rainer schlafen und verlässt die Wohnung. Sie läuft die breite Strasse hoch und setzt sich in den ersten kleinen Park auf eine gelb gestrichene Bank. Kieswege, ein kleiner Teich, eine Weide, die ihre Zweige verträumt hängen lässt. Im Wasser spiegeln sich die Sträucher und der Baum. Eve ist erschöpft nach schlafloser Nacht. Ihr Gesicht ist geschwollen, ihr Bauch fühlt sich an, als wäre er ausgekratzt worden, eine leere, schmerzende Höhle. Sie weint, stossweise. Heller Sonnenschein. Beinahe heiss. Spätsommer, Wespen überall. Die Sonne wärmt Eve auf. Es ist, als wäre sie ein junges Tier in einem Ei, das nur noch wenig Wärme braucht, an die Schale pickt, die stückweise abfällt, Aussenwelt zeigt. Sie sitzt im Ei des Kummers, des Nichtmehr-weiter-Wissens. Zerbrechen will sie die wundervoll-fantastisch-bedrohliche Welt, die sie mit Rainer aufgebaut hat. Sie beschliesst, ihn vor die Wahl zu stellen, die Gastspiele noch zu absolvieren und sich dann zu trennen. Sie spürt plötzlich immense Kraft in sich, sie ist jemand, sie will ganz bestimmte Dinge tun, sie will spielen, erfinden, verwirklichen.

Vier grosse Zeitungen berichten über Eve und Rainer. Umwerfend gut. Da trauen sie ihren Augen nicht, ihre Brust füllt sich stolz mit der freudig eingeatmeten Luft. Hervorragende Besprechungen, die den Theaterleiter und seine Assistentin zu freudigen Ausrufen animieren. Ein bisschen Neid ist auch dabei. Solche Kritiken haben sie in vielen Jahren noch nicht bekommen. Und das Publikum sitzt immer zahlreicher auf den roten Plüschsesseln und applaudiert vehement. Rainer trinkt schon am Morgen, die Stadt ist eine Bierstadt, meint er. Schon mittags sitzen sie in immer der gleichen Eckkneipe in der Nähe ihrer Wohnung, wo eine stattliche, verblichen schöne Wirtin mit stark geschminktem Gesicht und riesigen, blauen Augen, die frisch gezapften Biere serviert. Sie ist fidel und schwitzt, ob der vielen Arbeit. Sie trägt eine Tracht, die einen Teil ihres faltigen Riesenbusens zeigt. Eve und Rainer nennen sie heimlich Preis-Kuh. Der Erfolg hat Eve weich gemacht, sie weiss wieder, warum sie in Kauf nimmt, wenn Rainer sich übermässig betrinkt. Auf der Bühne funktioniert er wie geschmiert. Das zweite Stück, das umstrittene *Dickicht*, ist als nächstes im Programm. Es wäre besser gewesen, weiter den *König Ubu* zu spielen, er hätte ihnen mehr Leute gebracht. Das Dickicht wird ebenfalls von allen vier Zeitungen besprochen. Auch lobend, doch mit einigen Kritiken, da der rote Faden fehle. Die Fantasie sei noch überwältigender, die Spielfreude genial. Im Publikum sitzen irritierte Menschen, die am Schluss sitzen bleiben oder sofort aufstehen und gehen. Ein älterer Herr schimpft, er habe geahnt, dass das nicht gut kommen könne, nach dem ersten Riesenerfolg mit diesem Stück nun alles zu verderben. Ein sehr kultivierter Mann, mit schütterem Haar und einer feinen Nickelbrille, die er sanft auf der Nase zurechtrückt. Sie sind es gewohnt, auf Widerstand zu stossen, es wäre fast zu viel des Guten gewesen, wenn alles fabelhaft gelaufen wäre. Rainer verspricht, das Trinken zu kontrollieren und bittet Eve, ihm dabei zu helfen, was sie warmherzig und voller Leidenschaft verspricht.

Wieder zu Hause in ihrem Dorf geniessen sie die Stille in ihrer Hütte. Unmutig sieht Eve, dass Vorräte fehlen. Aufgerissene Packungen, zerlöcherte Kartons und überall Mäusedreck. Abends huscht ein graues, kleines Tier durch die Stube. Eve ist entsetzt. Sie erstarrt und bittet Rainer, Fallen aufzustellen. Sie selbst wolle die Tiere nicht sehen, er solle sie im Zuber ertränken. Eine alte Mäusefalle steht in der Rauchküche, am kleinen Draht ein Stück Käse. Schon am nächsten Morgen wuselt ein Mäuschen mit riesigen, dunklen Augen im Käfig herum. Rainer füllt den Eisenzuber mit Wasser und lässt die Falle hineinfallen. Jeden Morgen das Gleiche, viele Mäuse ertrinken qualvoll und Eve schaut weg. Rainer beschwert sich. Er könne die Mäuse nicht mehr töten. Er ertrage es nicht mehr, ihrem Zappeln im Wasser zuzusehen. Er finde sie niedlich. Eve quälen seit Tagen Gewissensbisse, ihr Herz schmerzt, sie sieht sich als Lady Macbeth, die ihren Mann zum Morden anstachelt und ihn die Tat ausführen lässt. Jede neue Maus wird ab da im Wald ausgesetzt. Die graue Siamesen-Katze schleicht ums Haus, sieht mager aus und scheint keinen Appetit auf Mäuse zu haben. Stolz trippelt sie über die Bank hinter dem Haus und miaut in dünnen, hohen Tönen. Schon ist sie um die Ecke verschwunden.

Es schneit. Absolute Stille. Eve sitzt auf dem Plumpsklo vor dem Haus. Ein Bretterverschlag an einer Steinmauer. Eve geniesst die Kälte draussen und hört die Exkremente in die Tiefe klatschen. Es rieche schlecht, wenn der Wind aus einer bestimmten Richtung komme oder Tiefdruckwetter herrsche, sagen die Nachbarn. Spinnweben flattern an der Mauer. Der Schnee dämpft jeden Laut. Auf der Dorfstrasse fährt kein einziges Auto. Nur die Katze, die aus einem Loch in der Fensterscheibe des baufälligen oberen Stocks auf die Holzbretter vor dem Klo springt, verursacht plötzlichen Lärm, der Eve kurz erschaudern lässt. Eve fühlt sich wohl auf dem hohen Holz-Sitz, lässt die Beine baumeln. Sie fühlt sich behütet, gehalten, beschützt. Sie wünscht sich, dass es weiter schneit, alles zuschneit, es keinen Weg mehr zu ihnen gibt für die Leute, die Welt draussen. Als sie die knarrende Tür öffnet, fegt ihr ein Windstoss durch die Haare. Welch angenehme Liebkosung. Sie schaut durch das Fenster in die niedrige, beleuchtete Stube, wie im Märchen. Die Puppen, der kleine Kanonenofen, die Pfanne darauf, Rainer, wie er am Tisch sitzt, in einem Buch liest, ab und zu die gusseiserne Ofentür öffnet. Rot-gelber glühender Russ zittert in der Öffnung, wenn Rainer das Holzscheit in die züngelnden Flammen wirft.

Eines Mittags überrascht Rainer Eve mit der Idee, den *Woyzeck* von Büchner als nächstes Projekt zu inszenieren. Er liest aus dem Stück vor und Eve ist vom Text mehr als angetan. Ein Strauss von Ideen schenken sie einander. Jeder Stoff, jedes Werkzeug kann Teil des Stückes werden. Im Wald findet Eve eine intakte grosse Baumrinde, die sie sorgfältig auf dem Gepäckträger zur Hütte transportiert. Sie sieht präzise vor sich, wie sie eingesetzt werden könnte: als grosse Maske. Oben, an den beiden Seiten der gewölbten Rinde, je ein Loch gebohrt, ein Gummiband in der passenden Grösse hineingezogen, sodass sie vor dem Gesicht der Spielerin befestigt würde und in sitzender Position, auf ihren Oberschenkeln abgestützt, die Kulisse für die beiden lebensgrossen Figuren abgäbe, deren Köpfe und Körper sie mit den Händen der seitlich ausgestreckten Arme führte und ihnen, abgedeckt durch die Baumrindenmaske, unterschiedliche Stimmen gäbe. Die Spielerin bewegt nun mit der linken und rechten Hand die beiden Figuren, die eine als Andres, die andere als Woyzeck, der auf die Pilze auf dem Waldboden starrt und über ihr geheimnisvolles Wachsen und Sich-Vermehren sinniert, seine Visionen in seltsamen, prophetischen Sätzen seinem harmlos vor sich hinsingenden Kameraden mitteilt. Dieser wird stutzig, versucht Woyzeck auf etwas einfältige Weise zu beruhigen. In einem leergeräumten, kühlen, feuchten Weinkeller eines grösseren Dorfes in ihrer Nähe proben sie die ersten Szenen. In unerbittlich, endlosem Rhythmus tropft es von der feuchten, gewölbten Steindecke herab, stört in den stillen Minuten des Nachdenkens. Eine steile Treppe führt hinaus auf die Strasse. Rainer stemmt die Falltür hoch, steigt hinaus und blinzelt, von der Sonne geblendet, in den Tag hinaus, dehnt und streckt sich, zündet genüsslich eine Zigarette an. Eve folgt ihm und wundert sich, warum der Vermieter des Kellers so viel Geld für das feuchte Loch verlangt.

Rainer trinkt immer wieder unmässig viel. In den Zeiten dazwischen ist es für Eve wie im Himmel, ein Leben, so spielerisch, leidenschaftlich, fantasievoll, wie sie es sich so nicht vorstellen konnte. Jeder Tag bringt neue Erfindungen, andere Gestalten, Formen. Material verwandelt sich in krude Objekte und archaische Figuren, die auf eisernen Rädern holprig über den Steinboden rumpeln. Verrostete Schaufeln werden Gesichter, der Stil zur Wirbelsäule, Eisenteile zum Körper, alte, emaillierte Knöpfe, Kulleraugen. Rainer gibt ihnen Namen. Der Abt ist der Gewichtigste unter allen und soll, nach Rainers Vision, nur durch Anstossen, ganz langsam, wie von selbst, über die Bühne rollen, unabhängig vom anwesenden Schauspieler, der die Sprache dazu einsetzt. Laute, Ausrufe, Befehle, Schreie. Kein Tinguely-Theater, eher eine Mystifizierung zusammengesetzter Schrottteile, in Beziehung gebracht zum lebendigen Menschen und seinem sprachlichen Ausdruck, seinen natürlichen Bewegungen, seiner Spontaneität. Wenn Eve nachts hinter dem Haus die Schrottfigur betrachtet, fühlt sie sich in Urzeiten versetzt, in der Götter aus Eisen, Stein und Holz mit leeren, wissenden Augen in die Ferne starrten wie Sphinxe.

Im Winter schlagen sie ihr Hauptquartier in der Stadt ihrer neuen Freunde und Gönner auf. Dort, wo ihr erstes Stück für Begeisterung sorgte und ihnen einige Fans schenkte. Ein Student stellt ihnen seine Wohnung zur Verfügung. Er selbst sei selten da, wohne meistens bei seiner Freundin.

Alte Fabriken säumen den Weg dahin. Die Wohnung ist sehr nüchtern und praktisch eingerichtet, Vorhänge fehlen. Erleuchtete Fenster der umliegenden Häuser zeigen Menschen am Herd, in Pfannen rührend, an Tischen sitzend, am Schreibpult, vor dem Fernseher. Sie setzen sich im Dunkeln hin, schauen eine Weile hinaus. Rainer klagt über diffuse Bauchschmerzen, die Eve beunruhigen. Da öffnet sich überraschenderweise die Wohnungstür und ihr Gastgeber tritt herein, knipst das Licht an und begrüsst sie herzlich. Ob sie Lust auf Würstchen hätten. Er füllt, ohne ihre Antwort abzuwarten, Wasser in eine grosse Pfanne, kocht es auf und lässt die Würstchen in die heisse, sprudelnde Flüssigkeit fallen. Er schwatzt ununterbrochen, schiebt mit dem Zeigefinger die über die Nase rutschende Brille nach oben und unterbricht sich selbst mit glucksenden, lauten Lachern, einer Art Jodeln mit sich überschlagenden Tönen, die plötzlich abbrechen. Ein Kartoffelsalat ist schnell zubereitet, so sitzen sie um den runden Tisch im Wohnzimmer. Ausnahmsweise trinkt Rainer keinen Wein, die Bauchschmerzen hindern ihn daran. Tee schmeckt sehr gut zum Essen und Eve schaukelt in angenehm, einlullender Gemütlichkeit. Ihr Aufenthalt steht unter guten, nüchternen Vorzeichen. Draussen beginnt es zu schneien. Der Arzt stellt am nächsten Tag bei Rainer eine Nierenentzündung fest, verschreibt Tabletten und absolutes Alkoholverbot. Es sind gute Vorzeichen, nüchterne Tage, vom Schnee immer weisser werdende Strassen, die Arbeit im Fabriktheater kann beginnen.

Die Proben zu *Woyzeck*. Der Hauptmann wird von Eve dargestellt. Auf einem Kinderroller fährt sie auf die Bühne, einen grünen Hut aus Karton auf dem Kopf. Woyzeck wird in der ersten Szene von Rainer verkörpert, später auch von Eve. Woyzeck trägt eine Kleiderbürste mittels Elastikband als Schnauz vor dem Mund, rührt den Rasierschaum für den Hauptmann mit einem dicken, knorrigen Stecken. Im grossen Theaterraum der alten Fabrik ist es nie ganz still. Von der unteren Etage hören sie Maschinenlärm. Abrupt erzittert der Boden, klirren die alten Fensterscheiben. Ein uralter Mann wohnt in einem Zimmer auf der gleichen Etage. Das Parkett knarrt verräterisch, wenn sich seine langsamen, schleppenden Schritte der Türe nähern. Ohne anzuklopfen wartet er eine Weile davor, scheint zu horchen, geht dann langsam, wie er gekommen ist, durch das Foyer in sein Zimmer zurück. Eve führt strenge Regie. Rainer wiederholt die erste Szene immer wieder. Jede Nuance muss sitzen. Rainer rebelliert, wiederholt und fordert eine Zigarettenpause, der Eve gerne zustimmt. Mittags essen sie in der Cafeteria des nahen Einkaufscenters, setzen sich immer an den gleichen Tisch, wenn er nicht besetzt ist. Eve isst am liebsten belegte Selleriebrote, schaut durch die Glaswand nach draussen oder beobachtet eine Gruppe alter Damen, die täglich um dieselbe Zeit am selben Ort sitzen, hingebungsvoll schwatzend, plötzlich mit glühenden Augen in ihre Richtung schauen, sich einander wieder zuwenden und offensichtlich über Rainer und Eve reden. Eve bewundert die Figur der einen Dame in langem, körperbetontem Rock, wie sie ihr Hinterteil adrett hin und her schwenkt, sich stolz einen Weg zu den Süssspeisen bahnt, sich in die Schlange vor der Kasse einreiht, bezahlt und mit einem Stück Sahnetorte heldinnengleich zurück an ihren Tisch schreitet. Rainer und Eve haben ihr längst einen Kosenamen gegeben. Wenn sie von ihr sprechen, ist sie das Ärschchen.

Sie reisen nach Deutschland, haben Auftritte in kleinen Theatern, in Kulturzentren, Kneipen, auf der Strasse. Mit dem Fahrrad und Anhängern, auf denen all ihre Requisiten liegen und das Reisegepäck. In den Kneipen ist es schwierig, Ausschnitte aus den grossen Stücken zu spielen. Sie bekommen die Erlaubnis und lassen sich durch lautes Geschwätz und Pöbeleien nicht behindern. Doch stimmlich nicht mehr durchzukommen ist die Grenze dessen, was sie auszuhalten bereit sind. Sie erarbeiten ein Kneipenprogramm auf einer Bauchladenbühne und als Märchenerzähler. Eve ist oft sehr schüchtern und schämt sich, so auf Geld angewiesen zu sein, abhängig von Menschen, die nicht mit ihnen gerechnet haben, sich vielleicht gestört fühlen. Rainer überspielt gekonnt und strahlt die Leute an, die dadurch offen werden für das, was sie zu bieten haben. Kurzszenen mit Puppen und Objekten erheitern das Publikum, es macht Spass, zu spielen. Es kommt vor, dass Eve in sich selbst gefangen bleibt, nicht einschätzen kann, wie sie wirkt. Wenn sie allein sind, Neues erfinden, Ideen umsetzen, ist sie frech und wagemutig. Kommt sie mit dem Geschaffenen vor fremde Augen, zittert sie, ist unsicher, kann zu nichts mehr stehen. Ja, sie verliert den Boden unter sich, kommt erst lange danach wieder zu sich. Wenn sie mit Rainer die vergangenen Auftritte noch einmal durchgeht, versteht sie sich selbst nicht mehr. «Was meinst du?», fragt sie ihn. «Für mich bist du gut genug», meint er. Mehr will er dazu nicht sagen.

Die Mutter von Rainer bietet Obdach, sie freut sich, den ihrer Meinung nach etwas missratenen Sohn und seine Freundin zu beherbergen. Sie wartet an der Bushaltestelle in der Nähe ihrer Wohnung, die sich in einer grossen Stadt im Süden Deutschlands befindet. Eve ist gespannt. Rainer hat immer wieder von ihr erzählt. Er hat grossen Respekt vor seiner Mutter, er leidet darunter, nicht so geworden zu sein, wie sie es sich wünschte. Auf ihren Tourneen erschrickt er über Frauen, die seiner Mutter gleichen, duckt sich, als wolle er sich verstecken, weglaufen. Sie ist sehr streng. «Ich weiss nicht, ob sie dir gefällt», sagt er. Er habe grosse Probleme und Auseinandersetzungen mit ihr gehabt. Er habe bei einem ausufernden Streit einmal damit gedroht, ihre Vorhänge abzufackeln. Daraufhin habe sie die Polizei verständigt und ihn in eine psychiatrische Anstalt bringen lassen. Der Bus hält, Eve und Rainer steigen mit schwerem Gepäck aus. Die Mutter steht ruhig da in ihrem langen, dunkelblauen Mantel, lächelt. Sehr charmant, findet Eve, in den besten Jahren, gross, das lange, braungraue Haar zum Knoten aufgesteckt, auf den ersten Blick sympathisch. Sie spricht Süddeutsch, wirkt herzhaft, kräftig, bestimmt. Sie umarmt Rainer, den sie seit Jahren nicht mehr gesehen hat, schaut Eve freundlich und offen ins Gesicht und gibt ihr etwas verlegen die Hand. Sie fragt, woher sie kommen, lacht immer wieder hell auf, wenn Rainer trockene Antwort gibt. «Du warst ja noch nie in meiner Wohnung hier», bemerkt sie zum Sohn, «kennst nur die im Saarland. Ich habe sie untervermietet, werde dorthin zurückkehren, wenn ich pensioniert bin.» Die Wohnung von Rainers Mutter ist sehr sauber, aufgeräumt, alles steht an seinem Platz. Die psychisch kranke Schwester von Rainer lebt bei der Mutter. Sie sitzt wie eine grosse, dicke Puppe auf dem Küchenstuhl. Strahlt über das ganze Gesicht. Redet wirres Zeug. Sie will Rainer von all den Jahren erzählen, wo sie ihn nicht gesehen hat. Stolpert über Silben, verschluckt ganze Wörter und lacht beschwichtigend, als sie sieht, wie Rainer sich für sie schämt. Ihre blonden, kurzen Haare glänzen im Licht der Küchenlampe. Eve mag Rita. «Hunger habt ihr sicher», sagt die Mutter und befiehlt der Schwester ihr beim Kochen zu helfen. «Hole die Butter aus dem Eisschrank, Rita, ach du bist so schwer von Begriff, Rita, das ist eben Rita, da kann man nichts machen. Sie ist einfach zu krank», sagt die Mutter und hat schon aufgetischt. Würstchen, Brot, Käse, Suppe, Spätzle und Senf. Ihre Augen glänzen merkwürdig, als sie fragt, ob Rainer Bier will. Sie will selber eins. Und Eve will auch eins. Rita darf keins haben, die Medikamente verbieten es. Zum Essen läuft der Fernseher. Eve ist irritiert, die Mutter stellt ihn auf stumm. Eine politische Debatte läuft, die Mutter gibt ihren Kommentar über die Agierenden ab. Ihre Stinkwut auf den Präsidenten, der ihrer Meinung nach Schrott erzählt. Das Essen schmeckt. Eve antwortet auf die Fragen der Mutter. Zurückhaltend und so, dass die Mutter spürt, dass Eve zu ihrem Künstlerleben mit Rainer steht. «Wer will denn sowas, wie ihr macht, sehen?», fragt die Mutter. Eve erzählt vom letzten Erfolg, der guten Presse. «Das ist doch nix», sagt die Mutter, Rainer hätte Sportlehrer werden sollen. Er habe so viel Talent im Turnen gehabt. «Und wie du aussiehst, Bub, morgen gehen wir zum Frisör.»

Ein paar Tage später sind Eve und Rainer mit dem Handwagen unterwegs in Richtung eines Dorfes, wo sich ein Kulturkollektiv befindet, das eine uralte Wirtschaft gekauft hat. Von allen Sorgen befreit fühlt sich Eve, wenn sie morgens loswandern. Die Umgebung wechselt, Landschaft, die wohltuend ablenkt. Manchmal schaut Eve suchend auf den Boden in der Hoffnung, einen Geldbeutel oder irgendetwas Wertvolles zu finden. Sie träumt von einem Gönner, der sie beide entdeckt, sie in seinem Haus bewirtet und unterstützt. Der Wagen holpert auf den steinigen Wegen, das nehmen Eve und Rainer gerne in Kauf, denn die Autostrassen sind alles andere als angenehm. Autos mit stinkigem Auspuff fahren nahe an ihnen vorbei, die Fahrer schauen gleichgültig aus dem Fenster auf das merkwürdige Paar, das sich auf so unzeitgemässe Art fortbewegt. Einmal treffen sie auf einen Veranstalter, dem sie sich vorstellen wollen. Er sei schon an ihnen vorbeigefahren, habe sich gewundert über die Art und Weise, wie sie unterwegs seien, habe bei sich gedacht: «Unterste, soziale Stufe!» Das Gepäck rutscht bedrohlich auf die eine Seite des Wagens, die wild-hässlichen Puppen werden entblösst, durchgeschüttelt, es wirkt, als würden sie sich neugierig umsehen. Eve und Rainer haben ein inniges Verhältnis zu ihnen, wie Eltern zu ihren nicht allzu hübsch gewordenen Kindern, Missgeburten, die ganz besonders behütet und beschützt werden wollen. Es ist ein Albtraum, wenn sie nachts am Ziel angekommen sind, ihren bepackten Wagen draussen stehen lassen und durch die Scheiben der Kneipe zusehen müssen, wie die Decke weggerissen, der Koffer mit den Requisiten geöffnet und lauthals darüber gelacht und gepöbelt wird. Schon ist Eve draussen, schimpft mit den jungen Männern, Rainer steht in der Tür. «Haut ab!», schreit er mit dröhnender Raucherstimme, sodass sich die Angreifer kleinlaut verziehen.

Es gibt ein Netz von Menschen, die Eve und Rainer immer wieder bei sich aufnehmen, wenn sie müde sind, kein Geld mehr haben, nicht mehr weiterwissen oder ein Auftritt mit nachfolgenden, freien Tagen nur in Hotels zu überbrücken wäre. Es ist nicht immer leicht, anzurufen und sich quasi selbst einzuladen. Doch diese Menschen mögen Eve und Rainer, haben an der Art ihres Theaters Freude und lassen sich gerne auf die Bitte ein. Edgar und Marion wohnen an einer der lautesten Strassen, die es in Deutschland gibt. Keine Lärmfenster, nichts, was abdämpft. Eve kennt das Bettsofa im Wohnzimmer nur allzu gut. Es ist hart und etwas verschmutzt, da man auf der hellen Farbe alles sieht. Es wird gemeinsam gekocht, Bratkartoffeln, Kraut und Speck. Und Edgar erzählt in seinem breiten Dialekt einiges aus seiner Tätigkeit als Briefeschreiber an Politiker, an den Wetterdienst, an die Direktion des Fernsehens, mit Fragen zu Aussagen, Behauptungen, Unwahrheiten, Schummeleien. Er schreibe jeden Tag einen Brief und nehme sich heraus, so naiv wie ein Kind auf den Kern des Problems, der Irreführung hinzuweisen. Er erhalte täglich Antworten von den Betreffenden. Er schreibe immer wieder, wenn keine Post zurückkomme. Er lasse sie nicht in Ruhe. Er holt aus seinem Zimmer einen dicken Ordner und liest vor. Eve ist müde, sehnt sich danach, zu schlafen. Doch Edgar lebt sichtlich auf vor seinem kleinen Publikum. Er holt immer wieder Bier aus endlosem Vorrat, was Rainer dankbar hinnimmt. Eve ermordet im Geist den unermüdlichen Plauderer, der sich selbst so gut gefällt. Marions blaue Augen fallen immer wieder zu, was Eve die Hoffnung gibt, dass auch Edgar bemerkt, wie müde sie sind. Salzstangen werden aufgetischt, die Durst machen und zur nächsten Flasche greifen lassen. Ist ja ein Urbedürfnis, trinken. Als Marion vom Sofa herunterrutscht, erschrickt Edgar kurz, doch dann begleitet er sie liebevoll zum Schlafzimmer. Eve muss also noch eine Weile ausharren und beginnt ihre Reisetasche auszupacken. Auf diesen Wink hin wird Edgar etwas zurückhaltender. Er schaut Eve mit herzlich warmem Gesichtsausdruck an, seine vollen Lippen sind feucht, ja beinahe nass. Eve hört ihm nicht mehr zu, sie verweigert die Gefolgschaft, worauf Edgar endlich das Feld räumt. Betäubt, kaputt und zerschlagen legt sich Eve auf die ausgelegte Matratze des Sofas. Endlich darf sie schlafen. Nur die lauteste Strasse Deutschlands ist sehr gut zu hören und weckt sie unbarmherzig um 6 Uhr in der Frühe.

Einer ihrer längsten Tagesstrecken mit dem Handwagen im Bodenseegebiet ist 32 Kilometer lang. Bei schönem

Frühlingswetter, steile Strassen hoch und wieder runter. Holprige Wege, Asphaltstrassen. Wälder und liebliche Hügellandschaft über dem See. Man hat ihnen ein Gasthaus in Owingen empfohlen, das Kulturanlässe anbietet. «Zur lieben Hand» ist der Name des Lokals. Am Abend, als sie sich endlich müde und erschöpft dem besagten Dorf nähern, spürt Eve, wie sehr ihre Kräfte aufgebraucht sind und auch Rainer ist froh, endlich bei dem Gasthaus anzukommen. «Ja, Sie stehen davor», ruft die Frau, die sie danach fragten. Jetzt erst sehen sie das Wirtshausschild. Ein lieblicher Frauenarm ist darauf abgebildet, mit einer halbgeöffneten Hand, gütig, weich und einladend. Doch die Türe zur Wirtschaft ist geschlossen. Ratlos stehen sie vor dem schmucken, uralten Fachwerkgebäude. Ein hübscher, dunkellockiger, junger Mann schaut aus dem Fenster im ersten Stock auf sie herunter. Sie zeigen auf ihren Handwagen, erzählen, wer sie sind, dass sie sich für das Programm der Kneipe interessieren, ob denn niemand vom Kollektiv da sei. Der junge Mann betrachtet sie ernst, lässt sich nach längerem Zögern bewegen, herunterzukommen und ihnen die Gaststätte zu zeigen. Eve holt ihr Werbebuch hervor und zeigt es dem jungen Mann. Ob sie vielleicht auch eine Übernachtungsmöglichkeit hätten, fragt Rainer. Der junge Mann schaut sie mit grossen, hellgrünen Augen an und erklärt, dass das unter Umständen möglich sei. Er müsse sie jetzt wieder hinausschicken, er werde es ihnen gleich sagen, er glaube schon, dass eine Übernachtung möglich sei. Ob sie in einer Stunde wieder vorbeikommen könnten. Er erklärt ihnen, wo es in der Nähe etwas zu essen gebe. Froh, am Ziel angekommen zu sein, wandern sie zum besagten Gasthaus und kommen pünktlich wieder zurück. Als sie klopfen, regt sich nichts im Haus. Sie rufen laut, bis der Kopf des jungen Mannes wieder im Fenster erscheint. Er schaut ernst und böse. Nein, ihr könnt hier nicht übernachten. Verzweifelt schildert Eve ihren Zustand, ihre lange Wanderung, die Empfehlung der Leute, die sie an diesen Kulturort geschickt hätten und dass sich weit und breit nichts mehr finde, wo sie übernachten könnten. Der junge Mann lässt sich nicht erweichen, unerbittlich schliesst er das Fenster. Alles Schimpfen hilft nicht, Fluch über dieses Arschloch. Ein Hohn ist es! Und heisst auch noch «Zur lieben Hand». Sie haben keine andere Wahl, als draussen zu schlafen. Diese Nacht werden sie irgendwie überstehen. Es ist ja Frühling.

Wieder im Dorf. Nach grossen Tourneen sind Eve und Rainer erschöpft. Eve freut sich auf die Zeit danach. Sie weiss, dass Rainer dann für sich sein will, das heisst endlos trinken. Deshalb verreist sie, besucht ihre Mutter. Die sitzt in ihrem grossen, uralten Fauteuil, die Beine angezogen, lesend. Eve freut sich unbändig, sie wieder zu sehen. Das feine, vitale Gesicht der Mutter gefällt ihr. Eine kluge, sehr lebendige Frau, die drolligste Kommentare abgibt. Eve ist erleichtert, Rainer sich selbst überlassen zu haben. Sie will gar nicht an ihn denken. Er hat gesagt, er wolle lesen, schreiben, zu sich kommen. Vom Trinken erwähnt er nichts. Doch Eve weiss, dass er schon beim ersten Telefongespräch in den Hörer lallen wird. Sie leugnet es in ihrem Innern, hofft, dass es anders kommt, was nicht eintrifft. Doch am ersten Tag bei ihrer Mutter ist es ihr gleichgültig, die Freude, zu Hause zu sein, nah mit ihrer Mutter, lässt Sorgen verdampfen. Sie trinken Kaffee, essen feinen, süssen Kuchen. Eve sitzt ihrer Mutter gegenüber, die alles wissen will, was Eve erlebt hat. Das Hin und Her der Fragen, Erzählungen, Analysen gibt beiden viel Stoff, Gefühle auszuloten, sich zu spiegeln, sich zu finden. Es ist, als sässen sie gemeinsam an einem Webstuhl, wirkten eifrig an einem farbenfrohen, musterreichen Teppich, sinnlich fassbar, mit Händen zu spüren, als gemeinsames Werk. Die vielen Bücher auf dem weiss gestrichenen Gestell an der Wand und auf dem Tisch versetzen Eve in eine anregende, aufgekratzte Stimmung. Die Mutter gibt begeistert Einblick in ihre Leseerfahrungen, Entdeckungen. Sie lebt in den Büchern, liest in mehreren gleichzeitig. Am Morgen vertieft sie sich gerne in literarische Neuerscheinungen, um die Mittagszeit in Aufsätze und Essays, abends in Romane und in der Nacht sind es Krimis, die sie verschlingt, des Öfteren zu Weissbrot und Schokolade. Schlaftabletten erleichtern ihr das Einschlafen, doch am nächsten Morgen ist sie sehr früh wieder wach, tigert, Zigaretten rauchend, in der ganzen Wohnung herum. Eve schläft aus und als sie halbwach am Mittag ihre Zimmertür öffnet, ist die Mutter sehr aufgeregt und unruhig. Sie konfrontiert Eve mit kritischen Gedanken, die verblüffen, ärgern, Eves Kampfgeist anstacheln. Es ist, als hätte die Mutter das vom Vortag Erzählte, Besprochene in einen Sack geworfen, ihn kräftig durchgeschüttelt und vor Eves Augen wieder ausgeleert. Die Ordnung ist weg, das Chaos, die total andere Sicht der Mutter, bestürzt Eve. Desorientiert, ratlos sitzt sie am Frühstückstisch. Die Mutter kocht Mittagessen. Eve isst sich durch alles hindurch und freut sich auf Kaffee und Kuchen. Sehnt die Leichtigkeit des Vortages herbei. Sie ist nicht mehr möglich. Die Mutter gräbt sich immer tiefer in Eves Leben, will Eve aufrütteln, ihr aufzeigen, was falsch läuft.

Rainer ruft Eve an. So wie sie es erwartet hat, lallt er in den Hörer. Eve ist betrübt, hat wenig Lust ins Dorf zu fahren zu Rainer. Sie bleibt noch zwei Tage bei Mutter. «Geh», sagt die Mutter plötzlich, «es ist nicht mehr gut so.» Es gefalle ihr nicht, wenn Eve gedanklich nur noch um Rainer kreise. Die gute Stimmung, die Vertrautheit des ersten Besuchstages ist verschwunden. Eve fröstelt. Die Rückreise ist wenig erfreulich. Eve weiss, was sie erwartet. Doch diesmal ist es anders. Rainer hat versucht, sich selbst auszunüchtern.

Er sieht wie ein Irrer aus, Stirnfalte und grosse, starre Augen. Sehr nüchtern, zu nüchtern. Er erzählt Eve von seinen Erlebnissen. Er habe die Nachbarstochter ermordet. Er rufe gleich den Pfarrer an, dessen Frau wolle ihn decken. Die Bauern im Dorf hätten eine Wut auf ihn. «Sie wollen mich mit ihren Heugabeln erschlagen», sagt er voller Angst. Eve erschrickt. Es ist anders als sonst, Rainer hat es zu weit getrieben. Er hat schon des Öfteren nach Trinkwochen Mäuse wuseln sehen, herumschwirrende Mücken, Würmer auf dem Tisch. Die Vorstufe des Deliriums. Eve fragt ihn, was denn geschehen sei. Er sei abends in das Zelt gekrochen, das die Nachbarmädchen aufgebaut haben. Die blonde habe er ermordet, die im Zelt gelegen habe, die habe er getötet. Die Nachbarin werde gleich da sein und mit ihr alle Bauern des Dorfes. Eve versucht, Rainer zu beruhigen. Sie glaubt nichts, von dem, was er sagt. Es ist das Delirium, das diesmal stärker ist und quälende Visionen bringt. Ein Auto hält vor der Hütte. Die Frau des Pfarrers steigt aus, begrüsst Eve. Sie erzählt Eve, wie Rainer nachts vor ihrer Türe gestanden und geklingelt habe. Er werde verfolgt. Sie lud ihn ein, bei ihnen im Pfarrhaus zu übernachten, doch Rainer wollte wieder zu sich nach Hause. Rainer setzt sich in das Auto der Pfarrfrau, Eve solle in der Hütte bleiben, sich ausruhen. Nach zwei drei Stunden weiss Eve, dass Rainer in die psychiatrische Klinik gebracht wurde, das sei das Beste in seinem momentanen Zustand. Eve ist erleichtert,

Rainer in ärztlicher Obhut zu wissen. Sie besucht ihn dort regelmässig. Anfangs hat er Angst, nachts sieht und hört er die Horde Bauern des Dorfes unter seinem Fenster, wie sie mit Heugabeln, Schaufeln, Holzbeilen anrücken, fordern, dass die Spitalleitung ihn, Rainer, herausgibt, damit sie an ihm Rache nehmen können. Eve lebt seine Visionen mit, beruhigt ihn, kehrt in die Hütte zurück und geniesst die Ruhe, die Sorglosigkeit, hofft, es werde diesmal anders werden mit Rainer, besser, gut. Die Wiege des Augenblicks.

Im Herbst des sechsten Jahres ihres Zusammenlebens und Wirkens droht Eve nicht mehr mitzumachen, wenn Rainer weiter trinkt. Sie proben an einem vielversprechenden *Macbeth*. Sie spielen ein englisches Ehepaar, das sich zum Geburtstag eine Aufführung des Weltklassikers schenkt. Sie setzen alles ein, was sich eignet, Puppen, zerzauste Bären, Äste, Spielzeugautos, Kissen, den Küchentisch, Blechdosen, den Morgenrock, Kartonkisten. Doch Rainer stürzt ein paar Wochen vor der Premiere ab, ist unfähig aufzutreten. Er weint, als Eve ihn vor die Alternative stellt. Er hängt am Stück, das voll prallen Lebens ist und vor Ideen und Fantasie strotzt. Er wolle es machen, doch müsse es um ein Jahr verschoben werden. Er verspreche Eve, das Trinken ganz zu lassen, sie solle ihm das glauben. Eve hat seinen Versprechungen schon oft vertraut, diesmal will sie sich nicht abhängig machen von seiner Entscheidung. Sie nimmt einen

Job als Küchenhilfe in einem einschlägigen Restaurant an, das von einer schönen, souveränen Gastwirtin geführt wird. Eve bereitet Salate, die Gäste mögen ihre Saucen, sie bekommt viele Komplimente dafür. Die Arbeit in der kleinen Küche neben dem Koch ist hart, stundenlang steht sie an einem Holztisch und wäscht Salat, rührt Saucen, holt Desserts aus der Kühltruhe im ersten Stock. Sie trägt eine lange, weisse Baumwollschürze. Abends muss die Küche blitzsauber sein. Das Putzen setzt Eve zu, sie gerät in Streit mit der Chefin, die es nicht leiden kann, nur ein Krümelchen herumliegen zu sehen. In der Nacht träumt sie von ihrer Arbeitgeberin, steht in der Küche neben ihr am Arbeitstisch, sie sind allein, es ist sehr heiss, das Licht rötlich, warm, die Stimmung vibrierend und erotisch. Sie sind sich nah, lieben sich, so selbstverständlich im Traum, was am Tag unmöglich scheint. Manch strenger Befehl der Chefin führt dazu, dass Eve widerborstig wird. Doch fügt sie sich, bewundert den Schneid von Sibylle, ist beinah froh über das unnachgiebige, dominante Verhalten. Eve spürt ihren jungen Körper unter der weissen Schürze, Lust, die Blicke der Männer, wenn sie Salate serviert, die Leichtigkeit des sich Integriert-Fühlens, der unendlichen Möglichkeiten. Abends oder nachts, wenn sie müde von der Arbeit zu Rainer in die Wohnung zurückkehrt, sitzt er fröhlich am Küchentisch. Absolut nüchtern. Entschlossen ein paar Jahre abstinent zu sein.

Fritz bespricht mit Eve und Rainer ihre Wohnsituation in dem uralten Bauernhaus mit Plumpsklo. Es werde Druck gemacht von der Gemeinde. Ein reguläres Wasserklosett müsse in die Räume eingebaut werden, neue sanitäre Installationen seien unvermeidbar. Das koste sie monatlich einiges mehr, auch wenn er ihnen weiterhin einen symbolischen Mietpreis verrechne. Der Abschied von Fritz fällt ihnen schwer, doch eine Lösung ist in Sichtweite. Eve und Rainer ziehen ganz in die mittlere Schweizer Stadt, weg vom Land, näher zum Fabriktheater, den Menschen, die Interesse an ihrem Theater und an ihnen haben. Die Buchhalterin des Vereins hat sich bei einer Freundin stark gemacht für sie. Hedda ist eine Naturfrau, bodenständig und besonders. Sie stammt aus einem Dorf in der Nähe und wuchs als Fabrikantentochter mit fünf Geschwistern auf. Die Sehnsucht nach Freiheit trieb sie in die Stadt, wo ein alter Familienfreund ein heruntergekommenes Mehrfamilienhaus von 1900 besitzt. Sie lebt ein paar Jahre im zweiten Stockwerk. Hier entsteht die erste alternative Wohngemeinschaft der Stadt. Das Haus befindet sich an einer Hauptverkehrsstrasse, reger Durchgangsverkehr herrscht hier. Die Fenster scheppern, wenn Lastwagen vorbeidonnern. Die Böden zittern, es ist als würden die Autos durch die Zimmer fahren. Hedda will zurück in ihr Dorf. Sie plant eine biologische Gärtnerei. Wohnraum ist dort kein Problem. Sie lädt Rainer und Eve zur Besichtigung der Wohnung ein. Die Buchhalterin des Theaters hat für sie gekämpft, Hedda plausibel gemacht, dass die beiden als Künstler günstigen Wohnraum brauchen, dass dies wichtig für die Stadt sei und sie dahinterstehe. Hedda willigt ein, obwohl sie die beiden noch nie gesehen hat. Eve freut sich über die Vierzimmer-Altwohnung, erfährt bei einem Fest, dass die Strasse sehr befahren sei und leidet an dieser Vorstellung. Wie still es im Dorf war. Das war reinster Genuss. Die Wohnung gefällt Eve und Rainer. Er setzt sich mit einem Seufzer der Erleichterung auf das Grossmuttersofa im Korridor. Hedda vermietet ihnen die Wohnung für ein Jahr, dann entscheide sie sich definitiv. Bald darauf ziehen Eve und Rainer mit dem wenigen Hab und Gut ein. Eve will im hinteren Zimmer schlafen, sie erklärt, dass die Betten getrennt stehen sollen und Rainer ein eigenes Zimmer habe. Er ist damit einverstanden. Wenn sie zusammen schlafen wollen, sei das ja weiterhin möglich.

Eve stopft sich Ohropax in die Ohren, verliert sich in Träumen. Sie stellt sich immer wieder vor, wie ein Riese das Haus mit seinen Pranken packt und es aus einer verspielten Laune heraus genau dort absetzt, wo sich die stilleren Strassen befinden, die Häuser mit den netten Gärten und freundlichen Menschen. Die Wohnung selbst entspricht ihr sonst in allem. Der gesprenkelte Küchenboden ist noch erhalten, auch die Dielen in den Zimmern, die einfachen Stuckdecken, die

Hedda zum Teil bemalt hat. Ein hellblauer Himmel mit luftigen, weissen Wolken verzaubert das Eckzimmer zur Strasse. Die schmiedeeisernen, verzierten Holzöfen sind Schmuckstücke, verbreiten im Winter knisternde Gemütlichkeit. Auch Rainer fühlt sich wohl. Die Aussicht ist romantisch, hohe, alte Bäume auf dem Pausenplatz des Jugendstilschulhauses gegenüber suggerieren Beschaulichkeit, lassen manchmal den tiefen Graben der Strasse vergessen. Auch aus dem Küchenfenster und Eves Fenstern ist viel Reizvolles zu sehen. Hinterhöfe, alte Häuser, die nachts das Leben der dort Wohnenden offenbaren. Im gelb gestrichenen Altbau gegenüber Eves Zimmer, der den Hinterhof abschliesst, sind zwei Fenster interessant. Wenn die Lichter in der Wohnung angehen, bemerkt Eve einen älteren Herrn mit Glatze der sich tänzelnd durch die Räume bewegt. Halbnackt oder im Morgenmantel öffnet er den Eisschrank, holt sich ein Getränk und giesst es sich in ein Glas um, seine Bewegungen sind weich und lasziv, manchmal redet er mit einem Unsichtbaren. Gestikuliert lebhaft, scheint über etwas unbändig lachen zu müssen. Oft geht er unruhig nahe an den Fenstern vorbei, in Gedanken versunken. Es fällt Eve auf, dass es ihm völlig egal scheint, ob er beobachtet wird. Beinahe jeden Abend, an dem sie zu Hause ist, sieht sich Eve den alten Herrn an, wie er am Tisch sitzt, die Beine kapriziös übereinandergeschlagen, schwungvoll aufsteht, eine Schranktür öffnet, einen nicht zu differenzierenden

Gegenstand greift, in Händen hält, betrachtet und dem Unsichtbaren zeigt, darüber referierend. «Ein eleganter Philosoph», ist Eve überzeugt. Wollüstig biegt sich sein Hals und Körper, wenn er etwas vom Boden aufhebt und possierlich in den Abfalleimer spickt. Dann sieht sie eines Abends einen sehr jungen Mann in der Küche, er steht da wie aus Gips, starr und bewegungslos. Der Glatzköpfige spricht ihn an und sogleich bewegt sich der junge Mann, als wäre er mit Zauberworten erlöst worden, schlaksig und frech durch den Raum, steckt sich eine Zigarette an, die er locker zwischen Zeige- und Mittelfinger hält, streift die Asche ab und setzt sich dann, immer wieder genüsslich am Glimmstängel ziehend, an den Tisch, wo sein Gegenüber eifrig auf ihn einredet. Ist der Tee fertig, brüllt Rainer durch die Wohnung. Wie angenehm klingt doch das Wort «Tee» aus Rainers Mund. Die Teestunden gehören zu Eves liebstem Ritual, mit Reden, Fantasieren, Ideen präsentieren, Sich-Verlieren in möglichen und unmöglichen Szenarien.

Eves Zimmer ist nun Atelier. Sie zeichnet und malt stundenlang. Ein langes Brett auf zwei Holzböcke gelegt ist Arbeitstisch und die Staffelei, die Rainer ihr zum Geburtstag schenkt, erleichtert die Fernbetrachtung der Bilder. In der ersten Zeit, nachdem Rainer beschlossen hat, fünf Jahre nichts zu trinken, zeichnet Eve mit Farbstiften Figuren in verschiedenen Haltungen auf weisse DIN-A4-Blätter. Sie führt die Stifte sanft über das Papier, kein Strich ist kräftig, alles ist zart pastellfarben. Sie lauscht nach draussen, achtet auf jedes Geräusch aus dem Zimmer von Rainer, freut sich über harmloses Räuspern, lautes Lesen, Verschieben von Möbeln und Gegenständen. Erst wenn die Vorbereitungen für das Nachtessen anstehen, taucht er auf und beginnt Gemüse in regelmässige, kleine Stücklein zu schneiden. Eve setzt sich dann ebenfalls an den Küchentisch und trinkt eine Flasche Bier, auf die sie nicht verzichten will. Rainer duldet es, ärgert sich manchmal, dass Eve es ihm nicht gleichtut und abstinent wird. Später wird sich Eve wegen ihres Verhaltens schämen und es absurd finden. Essen ist für sie beide sehr wichtig, meistens gelingt es auch. Es gibt einfache, gemüsereiche Kost mit Speck oder Wurst, Samstag und Sonntag Braten oder geschnetzelte Hühnerbrust. Alle Arbeiten werden geteilt. Danach begeben sie sich wieder in ihre Zimmer und Eve malt weiter an ihren Bildern, die sie Rainer dann zur Tee-Zeit präsentiert. Sein Kommentar ist ihr wichtig und trifft meist ins Schwarze. Er scheut sich nicht, seine Meinung zu äussern, seine Worte sind derb und unflätig. Wenn er ein Bild nicht gut findet, sagt er: «Das ist Scheisse.» Eve ist dann im Innersten aufgewühlt, übermalt das kritisierte Bild, bis ein neues entsteht, eindrücklicher als das vorherige, oder es aber im Papierkorb landet. Wenn Rainer begeistert ist, schwebt Eve vor Glückseligkeit bis zur Küchendecke. Die schwarze Nacht draussen ein funkelndes Gewässer und sie beide unterwegs im sicheren und schnellen U-Boot, das jeder Gefahr trotzt.

Unter ihnen wohnt eine sehr beleibte ältere Frau, die ihre Haare braun färbt und gerne Volksmusik hört. Wenn nachts ein Gewitter aufzieht, ängstigt sie sich und beginnt zu zittern. Sie klingelt in ihrer Not bei Eve und Rainer, wird von Eve hereingebeten und steht angstvoll im Flur herum. Sie halte es alleine nicht aus. Wenn das grelle Licht des hin und her zuckenden Blitzes die dunkle Wohnung ausleuchtet, schreit Frau Nüssli entsetzt auf, hält sich an der Wand fest. Sie will nicht absitzen, es ist ihr nur wichtig zu spüren, dass sie mit ihrem Schrecken nicht allein ist. Ihr dickes, rundes Gesicht mit den braunen Knopfaugen ist bleich und erinnert an ein Kindergesicht. Es klebt an Eves Mund, der beruhigende Sätze von sich gibt. Dabei fürchtet sich Eve genau so und jeder Donnerschlag erschüttert sie bis ins Innerste. So steht die alte Frau im Flur und wartet mit Eve das Ende des Gewitters ab. Wenn die Blitze seltener werden, die Donnerschläge in längeren Abständen ertönen, dann bedankt sich Frau Nüssli viele Male und geht mit kurzen, bedächtigen Schritten die knarrenden Stufen zu ihrer Wohnung hinunter.

Eve ist froh, wenn sie im Fabriktheater ungestört proben können. Die Ruhe ist in keiner Weise gewährleistet. Die vielen Mieter der Ateliers, die vom Theaterfoyer abgehen, trappen laut ein und aus, führen längere Gespräche, selbst wenn ein Zettel mit «Probe, bitte nicht stören» an der Eingangstür hängt. Das beeindruckt die Leute, die sich am Ort aufhalten, wenig. Die Kaffeemaschine zischt, ein stetes Klirren und klappernde Gläser, Tassen und Löffel, oder schwere Gegenstände, die aus Ungeschick zu Boden fallen oder abgestellt werden. Trotzdem bleiben Eve und Rainer lange Zeit konzentriert, absorbiert in der von ihnen geschaffenen Welt, dem Ausprobieren neuer Szenen, oder Wiederholungen des gut Befundenen. Der Versuch, sich auf einer menschenleeren Insel zu fühlen, scheitert nach und nach und Eve öffnet energisch die Tür um auf ihre Situation, die Stille erfordert, aufmerksam zu machen, was meist sofort verstanden wird. Für kurze Zeit wenigstens. Schon in der nächsten halben Stunde öffnet sich die Tür des Theatersaales und der Gründer des Theaters, Matthias, stellt Eve und Rainer einen neuen Kandidaten für das Präsidiums des Vereins vor. Eve und Rainer starren den Neuankömmling verwundert an. Dieser stellt sich breitbeinig in die Mitte des Raumes, trompetet mit näselnder Stimme, er sei Komponist, habe eine erfolgreiche Oper komponiert und sei überhaupt einer der bekanntesten Musiker in der Gegend und schon über die Grenzen hinaus berühmt. Matthias verkneift sich ein Lächeln und überbrückt die merkwürdige Situation mit harmloser

Plauderei. Der Komponist benimmt sich, als wäre er eingeladen worden zu längerem Verweilen, was Eve überhaupt nicht passt. Sie versucht eine Weile lang gute Miene zum bösen Spiel zu machen und verweist dann auf ihre Probe hin, die Zeit, die ihnen ja zur Verfügung gestellt wurde und die sie nutzen müssen. Matthias versucht den Komponisten abzulenken und hinauszuführen ins Foyer. Es gelingt ihm nicht. Der Komponist und Lehrer, wie sich nach und nach herausstellt, ist nicht gewillt, den Theatersaal zu verlassen. Er fragt dies und jenes, versucht auch Eve und Rainer ins Gespräch zu ziehen. Er interessiert sich nur wenig für sie und das, was sie erarbeiten. Er zitiert sanft lächelnd alle seine öffentlichen Konzerte, welche Orchester seine Werke spielen, wer ihn in der Zeitung porträtiert habe und die enthusiastischen Kritiken, die er vorweisen könne. Plötzlich ist Ruhe im Saal. Der Komponist schweigt und vertritt sich die Beine, schreitet den grossen Raum ganz gemütlich ab, grüsst knapp und verschwindet mit Mathias durch die Tür ins Foyer. Rainer will nun zur Erholung eine Zigarette rauchen und Eve ist die Unterbrechung der Unterbrechungen ebenfalls genehm. Irgendwann wird es noch eine ruhige Zeit geben, vielleicht wenn alle Mittag essen.

Hamlet beschäftigt sie. Wenn sie auf Tournee sind und bei langen Zugfahrten die vorbeifliegende Landschaft betrachtet, sieht Eve Hamlet als grosses Kind dasitzen mit Kessel und Schaufel, wie es versucht, das dänische Könighaus aus Sand nachzubauen, mit der rechten Hand den Mörderkönig aus dem Fenster puhlend, ihn zappeln lassend wie eine Maus, seine Lügenmutter auf das Dach des Schlosses setzend, die Wahrheit aus ihr herausschüttelnd. Es stört das Kind Hamlet nicht, dass es dreckige Hände hat, im Dreck liegt sein Vater begraben, meuchelmörderisch getötet, hangen seine traurigen Augen vor Hamlet in der Luft und fordern ihn auf, das Unrecht zu rächen. Dreck wird auf die Bühne gekarrt, eine Zeitung wird zum Papierschiff gefaltet, das Hamlet zurück nach Helsingör bringt, zum grossen Schlussduell, das einen Leichenhaufen hinterlässt. Die Schauspieler, die mit ihrem Stück den König entlarven, befinden sich in Hamlets kleinem Koffer, den er hütet wie seinen Augapfel. Kasperlefiguren, bemalte Stoffgesichter mit auffallend grossen Mündern und Augen, die mit Fischleim auf einen Unterbau aus zusammengebundenen Ästchen gebappt sind und schief und schräg in die Welt gucken. Hamlet träumt, dass sein mörderischer Onkel eine Wurstkrone auf dem Kopf trägt und sein Thron nichts als eine Obstkiste ist, in die sein Hintern gerade hineinpasst. Hamlet wird zum improvisierenden Künstler, wenn er Ophelia mit Tomatenmark nackt an die Wand malt, sie, die er liebt, nicht vor dem Suizid rettet. Das Verbrechen an seinem Vater will er aufdecken um jeden Preis. Eve und Rainer scheuen nicht davor zurück, die langen Monologe in ihre Umsetzung des Dramas einzuflechten und sie einfachen, ungebildeten Zuschauern zu servieren. Shakespeares Sprache fasziniert, auch wenn einiges rätselhaft und unverständlich bleibt. Die Erde, die sie benützen, graben sie vor der Vorstellung in der Umgebung des Auftrittsortes aus, nicht immer zur Freude der Veranstalter, die nach dem Drama die Bühne reinigen müssen. Es riecht nach Tomatenketchup und Schweiss, wenn sie sich vor dem Publikum verbeugen und ihm mit dreckigen Händen zuwinken. Einmal hat Eve schon in der ersten Szene, in der sie als Hamlet auf der Bühne steht, einen Hänger, ihr wird schwarz vor den Augen, der Text will ihr nicht mehr einfallen. Sie wiederholt immer wieder den Satz davor, der Anschluss ist in einen dunklen Abgrund gestürzt. Sie verlässt die Bühne, Rainer folgt und nach einer kleinen Pause beginnen sie wieder von vorne. Das Publikum applaudiert. Später sagt eine Dame zu Eve, dass sie diese Stelle, an der Eve den Faden verlor, besonders eindrücklich empfunden habe.

Auf der Weinstrasse in Süddeutschland mit Fahrrädern und mit Puppen und Requisiten beladenen Anhängern, landen Eve und Rainer an einem sonnigen Frühlingsnachmittag in einem hübschen Städtchen mit vielen weiss gestrichenen Häusern. An einem steht in grossen Buchstaben «Atelier Hil». Ein poetisches Bild eines sich in vielem Gold verlierenden Clowns hängt im Innenhof. Nachfragen, ob eine Vorstellung möglich ist, mit dem Hintergedanken, übernachten zu können, verleiht ihnen so viel Mut, dass sie eintreten und auf einen uralten, feinsinnigen Mann stossen, der sie herzlich begrüsst. Ob sie Kaffee oder ein Glas Wein wünschen, fragt er geheimnisvoll lächelnd mit einer leisen Spur Ironie in der Stimme. Seine goldumrahmte Brille verleiht ihm ein edles Flair, die sehr weissen Haare umrahmen ein kräftiges, intelligentes Gesicht mit hellen, sprühenden Augen. Der alte Herr erweist sich als neugierig, ist gespannt, warum sie so unterwegs sind, was sich in ihrem Gepäck befinde. Eve reicht ihm ein Buch mit Fotos und Kritiken ihrer Stücke, das er eifrig durchblättert. Er würde sich freuen, sie zu engagieren. Er sei wirklich neugierig auf ihr Wandertheater, das ihn inspiriere. Seine Frau gesellt sich nun zu ihnen. Ein paar Jahre jünger, braungebrannt, mit stilvoller Pagenfrisur, ebenfalls lächelnd. Eine Übernachtung ist ihnen sicher, ein feines Nachtessen ebenfalls. Das Haus hängt voller Bilder und Figuren, verspielt, gefällig, farbig. Hil verkauft seine Bilder an einflussreiche Menschen. Auch an diesem Nachmittag hat sich eine Gruppe angemeldet, um Gemälde zu besichtigen und zu kaufen. Hil steht mit ihnen vor seinen Bildern, erklärt die Inhalte, lacht und springt herum, als wäre es ihm der liebste Zeitvertreib, seine Kunst begreiflich zu machen, mit Vergleichen, Absichten und ziselierten Gedankengängen. Die Menschen nicken ihm voller Bewunderung zu und sehen alle seine Werke in neuem Licht. Er schreibe auch Theaterstücke, ob sie noch einen Tag bei ihnen verbringen wollen, fragt er Eve. Er habe viele Leute eingeladen zur Premiere seines Stückes. Natürlich wollen sie und bekommen ein eigenes Schlafzimmer, wohlriechende, farbenfrohe Bettwäsche auf angenehmer Matratze und viele Annehmlichkeiten dazu. Das Essen ist wunderbar, das Wetter heiter und wärmend. Abends erscheinen viele gut angezogene Damen und Herren, die sich auf die Stühle in Hils grossem Atelier setzen und in angeregter Spannung vor sich hin plaudern. Eve und Rainer sitzen mitten im Publikum, das kreisförmig sitzt. Der alte Herr macht es spannend, doch kommt er genau im richtigen Moment aus der improvisierten Garderobe und tänzelt in die Arena. Seine Beine stecken in weissen Strumpfhosen, ein kurzer, schwarzer Mantel aus Samt und ein helles, mit Spitzen besetztes Hemd kleiden ihn vortrefflich. Er verbeugt sich, seiner Wirkung bewusst, tief und lächelt schelmisch auf alle Seiten. Da sein Stück doch einige Seiten umfasse, greife er zwischendurch zum Manuskript, dessen Dicke auffällt. Hil beginnt mit der Rezitation und tanzt dazu, Satzkaskaden entschweben seinem Mund, Wasserfälle von Worten, seidenweiche Vergleiche und griechische Metaphern, Wissensbrocken schlagen an die Ohren des Publikums, das eine Weile lang versucht, aufmerksam zu bleiben. Hil bewegt sich vor und zurück, springt wie eine Ballerina in die Höhe, schwebt eine Weile und setzt den einen Fuss grazil vor den anderen. Er verliert den Faden, greift nach dem Manuskript, liest und liest, tanzt mit den Aufzeichnungen in der Hand weiter, Sätze, Worte, Laute, alles in immer in der gleichen Lautstärke. Eve wird müde, betrachtet die Menschen, wie sie ihre aufrechte Haltung verlieren, immer natürlicher dasitzen. Münder öffnen sich zu langem, ausgiebigem Gähnen, Füsse drehen Kreise, es knacken die Knochen, die Augendeckel fallen zu. Es kommt kein Paukenschlag, der sie aus der furchtbaren Müdigkeit und Erschöpfung wecken könnte. Hil bewahrt Fassung, das vollständige, sehr lange Manuskript wird unerbittlich vorgetragen. Eigentlich weiss niemand mehr, wovon das Stück handelt, welche Figuren darin vorkommen, welche Gedanken ausgedrückt sind. Hils Charme weckt die Leute aus ihrer tödlichen Lethargie, lässt sie wieder lächeln, applaudieren und befreit aufstehen, das Gespräch suchend mit dem alten Exoten, der mit bewundernswerter Durchhaltekraft sein Werk vortrug.

Frau Nüssli schreit nach Hilfe an einem Vormittag, als sie im hinteren Eckzimmer an einem bizarren Alpenstück eines deutschen Dichters proben. Eve hat einen alten Stuhl mit Zubehör gebastelt, der das ganze Bühnenbild darstellt. An der Rücklehne ist ein Fenster aus Karton mit karierten Vorhängen befestigt, eine zerkratzte Blechdose, mit starkem Draht am Fensterrahmen montiert, hängt über der auf dem Stuhl sitzenden Spielerin. Die Dose ist gefüllt mit Puderzucker, wenn daran gerüttelt wird, fällt er als Schnee auf das Gesicht der Schauspielerin, wenn sie den Kopf in den Nacken biegt. Eine weisse, dicke Schicht bildet sich nach und nach, wirkt schliesslich maskenhaft. Zwei grosse Tuchfiguren, ebenfalls mit beweglichem Draht mit dem hölzernen Steuerholz zwischen Eves Oberschenkeln verbunden, stellen Vater und Sohn dar. Das Alpendrama spielt in den Schweizer Bergen, erzählt von einer schicksalshaften Verstrickung der Bergbauernfamilie, die am Hungertuch nagt und den eigenen Sohn nicht mehr erkennt, der sie nach seiner Flucht in jungen Jahren als reicher Mann wieder aufsucht. Die Eltern, gierig geworden, ermorden in der Nacht ihren Sohn und bereichern sich mit seinem Geld. Im Sterben gibt sich der Sohn zu erkennen und der Fluch, der seit Jahren über der Familie schwebt, wird durch das Sterbeopfer des Sohnes unschädlich. Eve wiederholt die erste Szene immer wieder, einmal ist die Umsetzung so genial, dass Rainer Tränen in die Augen steigen. Eve müht sich, die Szene so zu wiederholen, was ihr nicht gelingen will. «Hilfe, Hilfe!», schreit jemand. Es wird wohl jemand auf der Strasse umgefallen sein. Aber dort ist nichts zu sehen. Immer lautere Hilfeschreie fahren durch Mark und Bein. Eve und Rainer öffnen die Tür zum Treppenhaus. Die Schreie kommen aus dem Keller. Geschwind sind sie unten. Da sitzt Frau Nüssli breit und schwer unter der Kellertreppe und kann sich nicht mehr von der Stelle rühren. Ihr gefüllter Waschkorb ist zur Seite gekippt, sie ächzt, stöhnt und Eve ruft den Krankenwagen. Frau Nüssli friert auf dem kalten Steinboden. Sie hat ein paar Zeitungen, die in der Nähe herumlagen, versucht unter die Beine zu schieben, was halb gelang. Sehr bald ist die Rettung da, weiss gekleidete Sanitäter, die sich nun abmühen, die alte, sehr schwere Frau die Treppe hochzuhieven. Ein Manöver, das mehr als eine halbe Stunde dauert. Als sie endlich auf der Bahre liegt und weggetragen wird, schaut sie kurz zu Eve hoch, bleich, elend, mit einem kleinen, tapferen Lächeln um die Lippen. Sie wird nicht mehr zurückkommen, hat beide Oberschenkelhalsknochen gebrochen und wird nach dem Krankenhausaufenthalt ins Altersheim gebracht.

Eve liegt noch im Bett, als das Telefon klingelt. Sie ist froh, wenn Rainer abnimmt, und gespannt, wer anruft. Rainer lacht und redet erfreut mit dem Anrufenden. Ein Bekannter, ein netter Mensch, der irgendetwas absagt, die Cousine aus Deutschland, der Präsident vom Verein oder eine Freundin, die zum Nachtessen einlädt. Es ist Mittag, Rainer jubelt in den Telefonhörer, ob es wirklich wahr sei, wirklich wahr, unerhört, er hätte das nie erwartet. Seine Freude überträgt sich auf Eve. Es klingt nach einer Auszeichnung, viel Geld und Ehre. Eve liegt wohlig, gespannt und voller Neugier im Bett und wartet das Ende des Gesprächs in unbestimmter Vorfreude ab. Nach mehreren überschwänglichen Schluss- und Dankesworten sowie Freut-mich-Reden legt er den Hörer nun auf. Er macht kein Geheimnis vor Eve, um was es sich handelt. «Wir bekommen den ersten Preis der neugegründeten Kulturstiftung!», ruft er aus, der Präsident rief gerade an. Er läuft in der ganzen Wohnung umher, die Fragen Eves beantwortend. Ein Menge Geld ist mit diesem Preis verbunden, dazu kommen noch städtische Gelder. Eve zieht sich rasch an, es ist Samstag, ein Butterzopf liegt auf dem runden Küchentisch, viel Butter aufgestrichen und Kaffee dazu, das ist wie doppeltes Glück. Beides muss man verdauen, den Magen freut es, die Seele ist erfüllt und schwebt lustig im Kaffeeduft. Sie sitzen beide da, ungläubig, dass ihnen das geschieht. Man wolle die beiden Murmeltiere ans Licht holen, habe eine Stiftungsrätin gesagt, es sei an der Zeit.

Als die fünfjährige Trinkabstinenz zu Ende geht, bleibt Rainer zunächst vorsichtig, kontrolliert sein Trinkverhalten, es wird akribisch festgehalten, wann wie viel getrunken wird. Eve ist sehr wachsam und untergründig in Dauerspannung. Die Produktivität ist hoch, Theaterstücke, Lesungen, Ausstellungen bedeuten einen gewissen Bekanntheitsgrad in der Stadt, wo sie wohnen. Ja, auch in der nahegelegenen Grossstadt werden sie wahrgenommen. Ihre Projekte sind interessant und besonders. Eve zeigt ihre Bilder, die viel Anerkennung und Käufer finden, sie führt des Öfteren Regie bei Rainers Solostücken, deren Spiel und Umsetzung gelobt und gewürdigt wird. Es gibt kaum mehr Mussezeiten. In Rainers Zimmer stapeln sich die Bücher zu den jeweiligen Projekten fast bis zur Decke und Eves Atelier quillt über. Farben, Pinsel, Holzplatten, Tapetenkataloge, Leinwände auf dem Arbeitstisch, am Boden und auf billigen Gestellen an der Wand. Ein eben entworfenes Bild steht jeweils im Zentrum und weckt jeden Tag die Arbeitslust, den Willen zum Kern vorzudringen. Rainers sonore, warme, runde Stimme klingt durch die geschlossene Türe seines Zimmers, komplexe Sätze spannender Literatur begleiten Eve während des Malens. Manchmal sitzt sie am Küchentisch, trinkt einen Kaffee und hört einfach zu, schaut durch das Fenster, geniesst und träumt ein wenig vor sich hin. Doch mehren sich die Nächte, an denen Rainer allein ausgeht und Eve auf ihn wartet. Stundenlang manchmal. Sie öffnet dann das Fenster zur Strasse hin und stützt die Ellbogen auf das steinerne Sims. Ein Zwetschgenbaum steht im kleinen Vorgarten und die Fenster im Schulhaus gegenüber leuchten hell. Immer wenn ein Velofahrer weit vorne in die grosse Strasse einbiegt, hofft Eve, es sei Rainer. Jedes Velolicht ist Verheissung. Eve steigert sich in immer dramatischere Stimmung, sitzt in die Küche, dort hält sie es kaum aus, begibt sich wieder ans Fenster. Irgendwann ist er dann da, Rainer, oft schon ein bisschen beschwipst, was Eve sofort sieht und noch schneller riecht. Doch ist er meist gut gelaunt und erzählt von Begegnungen, Gesprächen. Doch kommt es auch vor, dass er nichts mehr mit Eve zu tun haben will, gereizt auf ihre Fragen reagiert und eine Flasche Wein öffnet. Eve stellen sich alle Haare auf, alle, sie fröstelt und schwitzt gleichzeitig und beginnt auf Rainer einzureden. Sie streiten und schreien sich an, Rainer steht auf, geht in sein Zimmer und deutet an, dass er keine Sekunde länger diskutieren will, schlägt Eve die Tür vor der Nase zu. Sie starrt auf die geschlossene Türe und kann es einfach nicht fassen. Sie klopft, Rainer ruft widerwillig: «Ja», sie tritt ein, bittet um einen Schluck Wein, entschuldigt sich, sich so einzumischen. Es gibt dann einen sehr labilen Frieden, der mit einem falschen Wort ins Gegenteil kippt, Rainer handgreiflich wird und Eve ohrfeigt. Das ist das Schlimmste, sie liegt dann auf dem Boden vor seiner Tür und heult wie eine misshandelte Hündin. Dann schleppt sie sich müde und ausgeweint ins Bett. Sie weiss, dass in den nächsten Tagen nicht mit Rainer zu rechnen ist. Er wird schon am nächsten Morgen drei oder vier Flaschen Bier holen. An gewöhnlichen Werktagen setzt er sich in die nahe gelegene Kneipe, kehrt erst nach Stunden zurück, besoffen. Eve warnt Rainer, dass sie sich von ihm trenne, wenn es so weitergeht. Im besten Fall verspricht er, bald mit dem Trinken aufzuhören, wenn sie ihm dabei helfe. Was mithilfe eines primitiven Ausnüchterungsplanes geschieht. Viele Male. Viele Jahre.

Als Eve im Bus durch die Stadt fährt und durch das hintere Fenster einen langhaarigen, dünnen, grossen Mann auf dem Fahrrad bemerkt, ist sie fasziniert. Der Wind fährt in seine Haare, seine Augen blitzen kühn, er wirkt frei, natürlich, wie er so dahinfährt, er lächelt ein wenig, seine Arme sind nackt, er fährt hinter dem Bus her, Eve betrachtet ihn. Was dieser Mann ausstrahlt, fehlt ihr. Sie steigt aus dem Bus mit dem Gefühl, ihr sei etwas Wichtiges begegnet, etwas, was sie nicht mehr in Ruhe lässt. Hat sie sich verliebt? Sie kann das Gefühl nicht einordnen, das Bild des mageren, Langhaarigen auf dem Fahrrad, der wilde, leidenschaftliche Weite ausstrahlt, bleibt in ihr drin und taucht immer wieder auf. Tagträume zur Schlafenszeit sind lustvoll, umkreisen den Unbekannten, werden so heftig, vereinnahmend. Eve beschliesst den Mann ausfindig zu machen und mit ihm in Kontakt zu treten. Sie bemerkt ihn in der Stadt an bestimmten Orten, in einschlägigen Lokalen, auf dem Fahrrad. Im Jugendhaus verrät ihr ein Mitarbeiter seinen Namen. Er steht sogar im Telefonbuch. Sie ruft an. Er nimmt ab. Sie kommt ganz schnell auf den Punkt. Sie sei verliebt, habe ihn immer wieder beobachtet, er gefalle ihr, ob sie sich treffen können. Der Mann lacht, ist überrascht, wirkt neugierig. Ein Treffen ist schnell abgemacht in einer der urigsten Kneipen der Stadt. Eve ist vor ihm dort. Sitzt lange am Wirtshaustisch vor einem Glas Mineralwasser. Dann öffnet sich die Tür. Der junge Mann tritt ein, hinkt ein wenig und bewegt sich zu Eve, die ihm zuwinkt. Er setzt sich und starrt sie an. Irritiert. Sprachlos. Eve beginnt zu reden, wie sie ihn aus dem Busfenster heraus betrachtet habe, wie er frei und abenteuerlich auf sie gewirkt habe, wie sie Sehnsucht nach genau dieser Freiheit bekommen habe. Er klopft mit der Hand auf den Tisch, kann sich nicht fassen, schüttelt den Kopf mit den langen Haaren. Versteht nichts. Er fragt Eve, wie alt sie sei. Ja, sie ist ein paar Jahre älter als er. Ihm gefallen nur ganz junge Frauen, sagt er. Er stützt seine nackten, mageren Arme auf, wird angriffig. Warum sie mit ihm in Kontakt kommen wolle, warum. Eve ist auf dem Boden angekommen, dem Boden, den sie seit Wochen verloren hatte. Das war doch der Zweck dieses Rendezvous, sich endlich wieder zu lösen aus den gierigen, obsessiven Träumereien. Sie treffen sich noch ein paarmal. Der junge Mann ist unsicher, erzählt Eve von seiner Magersucht, dass schon eine Mahlzeit aus Möhren einen Rausch in ihm auslöse. Eve will seine Liebe, er verweigert sich, quält Eve mit Fragen, erzählt ihr von seinen Vorlieben, seiner Einsamkeit. Als sie die Kneipe verlassen, packt Eve ihn am Arm, dreht ihn stürmisch um und gibt ihm einen langen Kuss auf den Mund. Er wirkt wie ein verwundetes Reh, seine Augen glänzen dunkel und irgendwie verloren. Er dreht sich um und geht. Er ruft Eve wieder an, sie treffen sich wieder. Sein Verhalten ist ruppig, eckig und zäh. Er wolle sie das Schachspiel lehren, Eve will nicht Schach spielen. Er lacht.

Eve schaut ihn an. Er bewegt die Schultern auf und ab, als wolle er davonfliegen. Er bleibt kleben, in Eves Falle, aus der sie ihn nicht entlassen will. Er quält sie weiter mit Fragen, lacht sie aus, spottet. Eve hat genug von ihm, spürt, dass hier nichts möglich ist. Als sie Monate später an ihm vorbeifährt, winkt er ihr zu, er habe Lust, sie wieder zu treffen. Eve geniesst seinen Wunsch, den sie nicht erfüllen will. Der Zug ist abgefahren.

Rainer hat sich zur Ausnüchterung ins Spital begeben. Diesmal will er durchhalten. Eve ist froh, wieder in der gemütlichen Küche mit ihm zu sitzen und plaudert freimütig von ihrem Erlebnis mit dem langhaarigen jungen Mann. Dass sie ihn zum Essen eingeladen habe. Rainer ist entsetzt. Er schreit auf. «Du hast ihn hierhin eingeladen, währenddem ich ahnungslos im Spitalbett lag? Das ist doch wohl die Höhe.» Eve verflucht ihre Redseligkeit. Sie erzählt belustigende Details der Episode, die das Ganze ins Lächerliche ziehen. Rainer lacht kurz und bleibt misstrauisch. Ein Gespräch über die Hintergründe von Eves Handlung ist nicht möglich. Schon am nächsten Abend wartet Eve voller Angst und Sorge auf Rainers Heimkehr. Er riecht nach Alkohol, entschuldigt sich, Eve sieht es als Vergeltung Rainers und versucht mit allen Mitteln, sein Vertrauen wiederzugewinnen. Er geniesst ihre demütige Haltung, trinkt sogar mit ihr ein Glas Wein. Eve spürt, wie sie weich wird, zwei, drei Gläser, was soll's, besser als endlos warten. Rainers Augen beginnen glasig zu werden, was Eve unvermittelt wütend macht. Sie beginnt ihn zu warnen vor gesundheitlichen Folgen, die ja schon spürbar seien. Er habe doch versprochen, das Trinken ganz sein zu lassen. Nein, das habe er nicht, er habe ihre Predigten satt. Das Flehen Eves wird nicht erhört. Hart, ja eisern, schliesst Rainer seine Zimmertür und Eve putzt ernüchtert die Zähne.

Eve ist froh, dass Rainer nicht mehr in ihrem Bett schläft. Überhaupt solle sie alles auseinanderdividieren, rät ihr die Psychologin, Rainers Räume ihm überlassen, Eves Bereich gehört dafür ganz ihr selbst. Es ist Winter, sehr kalt. Es schneit und gefriert draussen. Eves Mutter ruft am späten Abend an zu ungewohnter Zeit, wartet auf mit Ratschlägen. Fleht Eve an, nicht mehr rauszugehen in der Nacht. Eve wird wütend. Sie weiss selber, wohin sie darf und wohin nicht. Die Mutter hört seit zwei Jahren Stimmen, die ihr böse Dinge einflüstern. Zuerst waren es Chöre im Kopf, Heimatlieder singend. Das amüsiert die Mutter. Eve bügelt Wäsche, als sie das erste Mal davon hört. Sie ist ein wenig befremdet, nimmt es jedoch auf die leichte Schulter. Die Stimmen werden im Laufe der Zeit aggressiver, zwingen die Mutter, Dinge zu tun, damit nichts Schlimmes passiert, drohen ihr mit Verlust ihrer Töchter. Sie sei ein törichtes Weib, sie habe alles schlecht gemacht, deshalb müsse sie jetzt büssen. Die Mutter erzählt, wie sie aus einem Traum erwachte. Sie sei nicht mehr im Bett gewesen, auf allen Vieren sei sie im Korridor den Wänden nach und habe den Spiegel, der dort hing, heruntergerissen. Sie habe überall blaue Flecken. Eve erschrickt. Die Mutter wohnt so weit weg. Eves Schwester holt die Mutter ab und begleitet sie in die Klinik. Dort ist sie aufgehoben für eine gewisse Zeit. Paranoide Schizophrenie bei gutem Allgemeinzustand wird ihr attestiert. Besser wird es nicht. Als man die Mutter in den alten Teil für chronisch Kranke bringt, rebelliert sie, raucht ketten. Schreit nach ihren Töchtern, die sie enthusiastisch begrüsst und umarmt, als wolle sie sie nie mehr loslassen. Sie erreicht ihr Ziel, wieder nach Hause zu dürfen. Haushalthilfen sollen regelmässig vorbeischauen. Das ist nun ein halbes Jahr her. Eve fürchtet sich. Sie hat Angst vor ihrer eigenen Mutter, die sie am kommenden Weihnachtsfest besuchen will. Der Anruf kommt vierzehn Tage davor. Auch ihre Schwester bekommt am selben Abend einen Anruf der Mutter, sie solle gut zu sich schauen, nicht mehr in die Kälte gehen. Es ist bitterkalt. Eve ist bedrückt. Rainer trinkt nur noch. Das hat ihre Mutter mit der versprochenen Magie nicht ändern können. Niemand weiss weiter. Am anderen Tag am Mittag wird Eve von ihrer Schwester angerufen. Die Mutter sei tot. Sie liege im Bett, sei im Schlaf gestorben und von den Haushalthilfen entdeckt worden. Agathe weint haltlos ins Telefon, Eve versucht sie zu beschwichtigen, zu trösten. Man leite alles in die Wege, gehe zusammen dorthin. Als Eve abhängt, weint sie laut, sie schreit, sie ruft Rainer, der aus seinem Bett springt. Bleich und erschüttert beginnt auch er zu weinen. Er umarmt Eve seit Langem wieder ganz fest, sie bebt und schreit, sie geht zu Boden, steht wieder auf, haut den Kopf auf den Tisch.

Eve, Rainer und Agathe begeben sich am nächsten Tag zur Mutter, die im Vorort einer grossen Schweizer Stadt lebte. Ihre Gesichter sind bleich, die Augen gerötet vom vielen Weinen. Sie halten sich fest, als sie sich am Bahnhof treffen. Agathe zittert und ist nervlich am Ende. Sie nimmt die Schuld an Mutters Tod auf sich. Sie sei böse zur Mutter gewesen, als sie angerufen habe. Sie habe ins Telefon gerufen, ihre Lieblingskatze sei ihr lieber als die Mutter. Eve beschwichtigt sie, nimmt ebenfalls Schuld auf sich, sie sei auch nicht nett zur Mutter gewesen, habe mit ihr gestritten und ihr gesagt, dass sie selber wisse, wann sie sich wohin bewegt. Rainer versucht auszugleichen, beruhigt die Schwestern mit seiner tiefen Stimme, die ihnen wie Öl in die Seelen fliesst. Er trifft den Kern der Sache, nämlich, dass die Mutter nicht mehr leben wollte, dass sie es beiden gesagt habe, dass sie sterben wolle. Die vielen Schlaftabletten, aufgestapelt im Spiegelschrank des Badezimmers, sind weg, der Arzt hat sie mitgenommen, teilt es ihnen aber nicht mit. Vielleicht waren es auch die Hausangestellten, die wussten, dass damit gewinnbringender Handel zu treiben sei. Die Mutter liegt im Bett wie eine Puppe, unter einer schön gemusterten Bettdecke. Das rechte Bein schaut unter der Decke hervor, angewinkelt. Ein wunderschönes Knie, ein wohlgeformter Unterschenkel. Er scheint aus Marmor zu sein. Sie versammeln sich um das antike Bett, die Tränen stürzen ihnen aus den Augen. Das Gesicht der Mutter ist leicht verzerrt, wehrlos erstarrt, leicht nach oben gerichtet. Die Augendeckel geschlossen. Der Tod muss sie schlafend angetroffen haben, kurz nachdem sie mit ihren beiden Töchtern telefoniert hat. Der Körper der Toten ist still, gleicht in nichts mehr der spontanen, sinnlichen Frau, deren blumige Fantasie stets bewegt und mäandernd war. Sie verlassen alle gleichzeitig den Raum und sitzen in der kleinen Küche. Sie sind vereint im Schmerz, der Trauer. Agathe öffnet den Eisschrank. Es sind keine Lebensmittel darin, nur Vanille-Eis-Stängel. Sie sind wahrscheinlich über Wochen hinweg die einzige Nahrung gewesen, die die Mutter zu sich genommen hat. Da lachen sie, sie schütteln sich und lachen, als wäre die Mutter auch dabei, sie, die so gerne und ausgelassen lachte. Doch in den letzten drei Jahren hat sie nie mehr gelacht. Eve stellte dies irgendeinmal fest, als sie mit der Mutter redete. Es ist nur vorübergehend, irgendwann lacht sie wieder, dachte Eve.

Sie regeln alles für die Beerdigung. Die Sargmacher treffen ein und bitten darum, die Türe des Schlafzimmers zu schliessen. Es seien wahrscheinlich Geräusche zu hören, die brutal klängen. Die Mutter sei schon zu starr und zu lange tot, dass man sie anständig in den Sarg hinein betten könne. Trotzdem hören sie nichts. Als die Türe wieder aufgeht, steht der Sarg auf dem Boden. Man habe schon ziemlich nachhelfen müssen, bis sie im Sarg gelegen habe. Eve sieht die verkrümmte Mutter vor sich, wie sie von Holzwänden umschlossen daliegt. Es ist aber nicht mehr die Mutter, nur ihre Hülle, leblos und ohne Empfindungen. Das tröstet etwas und macht alles beinahe komisch. Sie schauen zu, wie die zwei Bestatter den Sarg mit Hin- und Herwenden aus dem Zimmer transportieren, durch die Wohnungstüre den Hausgang hinab, als würden sie tanzen, vier Schritte vor, vier zurück, doch schliesslich gelingt der Transport und die Mutter wird in den Wagen geschoben. Eve bemerkt an sich, dass sie alles abstrahiert, in einer gewissen Taubheit agiert, gelähmt.

Eve träumt, dass sie dabei ist beim Sterben der Mutter. Dass sie selbst als Mutter, die gerade stirbt, im kurzen Bett aus Holz liegt. Das Holz bricht. Kein irdischer Laut, eher einer lautlosen Explosion vergleichbar. Der Bettrahmen samt Matratze schlägt auf den Boden, ihr Körper fliegt in die Luft, von wo aus sie das auseinander gesprengte Bett von oben sieht, an der Decke schwebt mit Blick nach unten, im Wissen, gerade gestorben zu sein. Ein seelischer Aufruhr tobt in ihr, alles ist aus der Ordnung geraten, anders, aufrüttelnd, ein Bersten alles Massiven, aber noch voll drin in der Welt, die sie kennt. Da erwacht sie, ist erschüttert, Auflösung im Kopf, der nichts Weiteres preisgibt, keine andere Dimension, kein Jenseits.

Sie bleiben ein paar Tage in der Wohnung der Mutter, erledigen alles, was gemacht werden muss und rufen einen Antiquitätenhändler an, der vorbeikommt. Er reibt sich die Hände, versucht die Preise zu drücken, will mit einer lächerlich tiefen Pauschale für alles, inklusive Wohnungsreinigung, punkten. Selbstverständlich sollen sie alles behalten und unter sich aufteilen, was sie selbst begehren. Der Typ ist ihnen allen sympathisch, hat etwas Feines, Künstlerisches, war auch als Clown in der Kleinkunst tätig. Sie sagen zu, doch wollen sie den sehr wertvollen Freiburger Schrank noch etwas teurer verkaufen. Sie rufen den Präsidenten der Wohngenossenschaft an, von dem sie wissen, dass er Freude an alten Möbeln hat. Ein gefundenes Essen für diesen mächtigen Mann, der gemütlich und beinahe wohltuend auf Eve wirkt. Seine aparte Frau ist auch dabei und sie betreten schaulustig die Wohnung, stehen vor Möbeln, Bildern, Kommoden, Uhren und dem Schrank. Er beginnt mit Eve zu verhandeln, ihr gelingt es, einen hohen

Verkaufspreis zu erzielen. Er fragt seine Frau, was sie sich sonst noch wünsche, sie winkt ab, sie hätten selber genug. Die Barockkommode findet ebenfalls Gefallen, auch sie wird gekauft. Der Präsident lacht und funkelt Eve mit seinen dunklen Augen an. Eve ist stolz auf sich, als sie die Tür hinter ihnen schliesst. Auch Rainer und Agathe bedanken sich voller Wärme bei Eve. Eve und Rainer gehen am folgenden Tag einkaufen, Agathe ist zum Essen eingeladen. Im riesigen, neonbeleuchteten Lebensmittelladen fühlt Eve, wie gut sie es mit Rainer hat, wenn er nicht trinkt. Wie angenehm es sich anfühlt, mit ihm einzukaufen, die Lebensmittel auszusuchen. Sie schaut verträumt in die endlose Fleischtheke, die zahllosen, in Plastikfolie eingepackten Stücke. Ebenfalls Leichenteile, die da liegen. Sie erschrickt, ob dem seltsamen Gedanken. Draussen liegt Schnee, die Luft erfrischt sie auf dem kurzen Weg zur Wohnung der Mutter. Die Mutter ist tot, umso lebendiger fühlt sich Eve, fühlt das Blut in den Gliedern, die Beweglichkeit, das Atmen, die Freude am Kochen und Essen.

Die Beerdigung ist vorbei. Eine kleine Lesung mit Musik wird den Anwesenden geboten. Rainer und Eve lesen, eine junge Geigerin spielt angenehme Melodien. Die Trauergäste sind starr und schweigsam, gehen wie Mumien zum angegebenen Restaurant. Es sind hauptsächlich die Geschwister der Mutter anwesend und deren Ehefrauen und Männer.

Eve erinnert sich, wie sie in der Kirche vorne, direkt neben der Urne, die Turnschuhe der Mutter stehen sieht, rot mit weissen Plastikstreifen an den Seiten, etwas abgelaufen, leer. Hat Rainer sie so hingestellt? Es ist ein Bild für die entschwundene Mutter. Der Wein wird eingeschenkt, die Gespräche werden lockerer. Rainer trinkt schnell nacheinander drei Gläser Wein. Eve bemerkt, dass er schlecht aussieht. Die Trauergäste schauen ihn prüfend an. Er genügt nicht. Eve spürt, wie sie bedauert wird. Sie ist unglücklich. Fühlt sich isoliert, kritisch beäugt und ausgesondert.

Eve und Rainer planen ein Stück über Nijinsky. Ausgangspunkt sind seine Tagebücher, die merkwürdigen Sätze darin. «Ich bin ein Truthahn mit Gottesfedern», schreibt er irgendwo, so heisst nun das Theaterstück, das sie vorbereiten. Niemand führt Regie, Eve schaut Rainer zu, der den verrückt gewordenen Tänzer eindrücklich verkörpert. Ein dem Irrsinn Verfallener, weltberühmt, weggeschlossen. Eve spielt seine Frau, die kein Profil bekommt, als Figur blass bleibt. Ein junger Bewegungskünstler verkörpert das Tanzgenie der Anfangszeit. Er schaut Eve und Rainer zu, gibt da und dort Hinweise, Eve ist oft unsicher, nimmt jede Anmerkung ernst und übertreibt im Genügen-Wollen. Dennoch bekommen sie gute Kritiken, Rainer wird besonders hervorgehoben. Eve weiss, dass dies ihr zu verdanken ist. Wäre sie doch ihre eigene Regisseurin, sie würde in allen Facetten brillieren. Sie liebt es mit Rainer zu arbeiten. Umgekehrt ist Rainer mit allem zufrieden, was Eve ihm vorspielt, sie hat nichts, woran sie sich halten kann und bleibt in der Figurenzeichnung unsicher. Auf der Titelseite des Magazins, sitzt sie, hübsch anzusehen, in weissem, elegantem Kleid auf einem Sessel. Ihr Gesicht so weich wie bleicher Pudding, die Mundwinkel weisen ganz leicht nach unten.

Eve und Rainer haben nun zwei Wohnungen übereinander. Der Mieter der obersten Wohnung, ein kraftvoller, schwarz gelockter Italiener mit auffallend grossen, blauen Augen unter dichten, schwarzen Brauen, fragt an, ob sie die Wohnung dazu mieten wollen. Die Miete ist sensationell günstig. Sie willigen ein. Die Wohnraumverteilung ist unklar, mal ist Eve oben, dann beide unten. In der wöchentlichen Therapiesitzung wird ihr geraten, die Wohnungen zu trennen. Die Umsetzung dauert wochenlang, ein innerer, aber unausweichlicher Prozess.

In den folgenden Wochen werden dramatische Szenen ausserhalb der Theaterarbeit zum beinahe wöchentlichen Ereignis. Die zwei Punks, die unter ihnen in Frau Nüsslis ehemaliger Wohnung hausen, sind sehr laut. Nachts halten sie unheimliche Sitzungen im hinteren Zimmer ab, die Musik dröhnt und stampft höllisch. Die bleichen Gesellen mit ihren farbigen, stachligen Haaren, den aussergewöhnlich bunten Kleidern und wadenhohen, schwarzen Stiefeln mit Blockabsatz und eisernen Stacheln an den Kappen sind eine Herausforderung für Eve. Sie scheut sich nicht, anzuklopfen und um Ruhe zu bitten. Längere Gespräche folgen. Meist werden sie dann leiser. Doch scheuen sie sich nicht, auch mal nachts um drei ihre Musik dröhnen zu lassen. Eve und Rainer zanken sich derweil auf die abscheulichste Weise. Sie kämpfen körperlich, streiten im Hausflur, schreien wie am Spiess. Vor allem Eve gerät in Hysterie, lässt sich mit verdrehtem Körper stöhnend die Treppenstufen hinunterplumpsen. Rainer, ein irrer König, abgezehrt, vom Trinken gezeichnet, mit langen, wilden Haaren, schwankend auf dem obersten Treppenflur, schaut ihr fassungslos nach, beleidigt sie mit obszönen Schimpfworten und knallt anschliessend die Tür zu. Nun ist es an den beiden Punks sich zu beklagen. Es sei nicht zum Aushalten, beschweren sie sich bei Eve. Was da eigentlich vor sich gehe. Sie seien Waisenknaben dagegen. Ein Tumult, nicht zu glauben. Was mit ihnen nicht stimme. Eve erklärt endlos, so, dass sie schliesslich verstehen, dass diese Tragödie echt ist. Eve spürt ihr Mitleid und ist gerührt. Gleichzeitig schämt sie sich vor den jungen Menschen, entschuldigt sich, sinkt ermattet in ihr Bett.

Eve beginnt eine systemische Therapie, um aus der ausweglosen Situation mit Rainer zu finden. Rainer weigert sich mitzukommen. Ein netter jüngerer Mann redet mit Eve und macht als Erstes einen Film über sie, zu dem sie sich nach einer Pause äussern soll. Es gehe darum, ihr den Faden zu einem starken Selbst in die Hand zu legen. Sie schwitzt und gibt zum ersten Mal eine Art Statement zu ihrer Beziehung mit Rainer. Auf dem Video sieht sie ihr unruhiges Mienenspiel, die gestikulierenden Hände, das verlegene Lachen. Der Therapeut gefällt ihr, er spricht zu ihr wie ein näherer Bekannter. Sie sieht, wie sie sich durch den Raum auf eine Schrifttafel zubewegt, auf der Sätze in verschiedenen Farben stehen. In der Mitte die abstrakte Zeichnung der Persönlichkeit, die durch Umwelt und Situation viele, auch schädliche Verhaltensmuster lebt, aber im Eigentlichen unabhängig und eigenständig wäre. Eve soll sie laut vorlesen und diejenigen markieren, mit denen sie sich identifizieren kann. Im Video wirkt sie sympathisch, teilweise unsicher, ein wenig tollpatschig und furchtbar ehrlich. Sie sieht sich Holzfiguren aufstellen, die ihr persönliches Umfeld bedeuten. Der grosse, hölzerne Rainer in der Mitte des Tisches. Die kleine, hölzerne Eve steht aussen, aber auf ihn gerichtet. Ob sie den Unterschied der Positionen sehe, fragt der Therapeut. Eve sieht ihn nicht, sie versteht nicht, was er meint. Die Figuren werden wieder eingesammelt und neu aufgestellt. «Da haben wir es wieder», sagt der Therapeut, ob sie erkenne, wie sie sich selbst in der Beziehung zu Rainer platziere. «Er ist grösser als ich», antwortet sie naiv. Dass sie ihn nach wie vor bewundere, zu ihm aufschaue. «Spüren Sie, wie Sie sich klein machen?», fragt der Therapeut. «Ja», antwortet sie, «ich sehe es.» Sie lacht den Therapeuten an, der mit dem Spruch «Spielerisches Entdecken verhilft zu klarer Erkenntnis» die Sitzung beendet.

Eve hat nun die untere Wohnung für sich allein. Auf dem Doppelbett, das sie und Rainer vor kurzer Zeit von einem jungen Schreiner im Nachbarhaus anfertigen liessen, liegt sie auf den faltenreichen Leintüchern, zieht träge eine Socke an, trödelt herum, die grosse Wohnung ist ihr Bereich, ihre Welt. Das Telefon läutet nur für sie. Sie nimmt ab. Ein Künstlerkollege ist am anderen Ende der Leitung und plaudert mit ihr, ob sie Lust habe, sich mit ihm zu treffen. Sie gefällt, sie spürt anregende Wärme im Bauch. Sich wohlig auf dem Bett räkelnd, redet sie mit dem Bekannten über sich, die aktuelle Situation und über Kunst. Eve sieht sich als Möwe, in grossen Kreisen über den winterlichen Fluss ihrer Kindheit segeln, auf das Wasser hinabstürzen, mit Beute im Schnabel davonfliegen.

Der neue Bekannte ruft immer wieder an. Sie treffen sich zum Spazieren, in seinem Atelier, in einer Gartenwirtschaft. Er verfügt über grosse, sprachliche Differenziertheit und einen immensen Wortschatz. Er breitet vor Eve seine Seele aus, so gut er kann. Zeigt ihr die Winkel, die Gänge, die Komplexität seines abgründigen Denkens und Fühlens. Eve spürt, wie anstrengend es ist, ihm zuzuhören, zu folgen. Sie glaubt, sie sei nicht sein Typ und verliebt sich nicht in ihn. Er ruft aber immer wieder an. Einmal schenkt er ihr eine CD seines Lieblingssängers. Sie ist erstaunt. Er schaut sie begeistert an und erklärt, dass er sich in sie verliebt habe. Eve ist fassungslos. Sie weiss nicht, was sie sagen soll. Er bittet sie, nachzudenken, ob sie sich eine Freundschaft mit ihm vorstellen könne. Und wenn sie ihn nicht lieben könne, die Beziehung dennoch nicht zu beenden. Auf dem Fahrrad neben ihr herfahrend, fleht er sie an, immer wieder. Seine braunen Augen sind voller Gefühl. Eve konstatiert es, beinahe kühl. Sie will darüber nachdenken.

Er lädt Eve zum Besuch einer Zirkusvorstellung ein. Ein kleiner Zirkus etwas abseits der Stadt gelegen, bietet ein nostalgisches Programm. Die Wohnwagen der Artisten stehen um das Zelt herum, es regnet. Der Boden ist weich und nass, die Schuhe sinken ein, bekommen schmutzige Sohlen und sind mit Dreck bespritzt. Eve begrüsst ihn herzlich, zeigt aber nichts, was ihm ihren Entscheid verraten könnte. Sie sitzen in der drittobersten Reihe auf einer rot gestrichenen Holzbank mit abgewetztem Samtpolster auf den Sitzflächen. Das Programm wird eröffnet und die erste Nummer zeigt Bergziegen, die über Hindernisse hüpfen, zu zweit oder zu dritt nebeneinander im Kreis springen und Rechenaufgaben lösen. Immer wieder schnellt die Hand des Dresseurs in die Hosentasche, stopft ihnen zur Belohnung die Mäuler mit Leckerbissen. Es braucht wirklich nicht immer Raubtiere für eine spannende Show. Ein Clown sorgt für echte Belustigung. Eve konnte schon als Kind nie richtig über die witzigen Aktionen der jeweiligen Spassmacher lachen. Dieser Bajazzo hingegen ist urkomisch wie er direkt und frech auf die Bühne stürzt und eine Plastikdecke auf dem Sandboden ausbreitet. Bald darauf wird aus einem Schlauch Wasser auf die Decke gegossen, der Clown nimmt Anlauf, stürzt sich bäuchlings hinein, gleitet ein Stück auf dem Wasser dahin, steht mühsam auf, nimmt wieder von Neuem Anlauf, rast auf seinem dicken Bauch mit zunehmender Hochgeschwindigkeit durch die Wasserlache. Einzelne Ausrufe entfahren ihm, er quietscht, furzt, kreischt und prustet wie ein Seehund. Er schaut ins Publikum, pudelnass, fragt schüchtern, ob er nochmals, ob er es nochmals machen solle. Eve hat Tränen in den Augen, ihr Begleiter lacht hemmungslos, die Zuschauer biegen sich. Der Zirkusdirektor holt nun den Narren von der Bühne, lässt ihn die Schweinerei aufputzen, was dieser zur Freude des Publikums mit artistischer Artigkeit bewältigt. Danach trottet der nasse Mann mit Eimer und Wischlappen zum roten Samtvorhang und verschwindet dahinter.

Eves Bekannter lädt sie nach der gelungenen Vorführung ein, etwas trinken zu gehen. Ein Wohnwagen mit der rosa Leuchtschrift «Bar», ist hell erleuchtet. Eve erinnert sich an die Kinobesuche der Kindheit, das Kino, dessen Name in altertümlicher, pinkfarbener Leuchtröhren-Schrift im Nachmittagshimmel stand. Märchenfilme, die für kurze Zeit alles aufhoben, was im Alltag wichtig und aufreibend war, sie sich in eine Prinzessin verwandelte. Ein Zustand, der noch auf dem kurzen Heimweg anhielt, ähnlich wie bei dem Mädchen mit den Schwefelhölzern, welches ein brennendes Hölzchen lang die fette, gebratene Gans vom erleuchteten Stubenfenster auf sich zufliegen sieht, mit Gabel und Messer im Rücken zum lustvollen Verzehr in eisiger Gasse. Das beschwingte Gefühl, das Seidenkleid, in dem Eve noch die Treppen zur Mutter hinaufsteigt, fallen dann urplötzlich von ihr ab als falsche Federn.

Eve und ihr Begleiter bestellen Bier, dessen weissen Schaum sie sich von den Lippen lecken und den dunkelgelben Inhalt austrinken, die Hände am kalten Glas, über das Wasserperlen rieseln. Sie reden begeistert über das originelle Zirkusprogramm des Wanderbetriebes, der für sie überzeugender ist als manch grosses Spektakel. Sie vergessen die anderen Barbesucher und Eve gesteht Lukas, dass sie sich eben gerade in ihn verliebt habe. Sie stürzt sich auf ihn und gibt ihm einen langen Kuss auf die Lippen. Er küsst zurück, minutenlang, gefühlte Stunden. Das Licht im Wohnwagen wird dunkler, sie werden aufgefordert, zu gehen. Für eine kurze Zeit sind sie wie erwachte Kinder, die aus ihrer fantastischen Welt gerissen werden. Sie zahlen und steigen die drei Eisenstufen hinab ins dunkle, nasse Gras. Sie torkeln über die Wiese zur beleuchteten Strasse, stehen still und küssen sich wieder. Verharren in einem Kuss, der sich hinzieht und grösste Lust bedeutet, Leidenschaft entfacht und Wille zu mehr. Sie pressen ihre Körper aneinander, bis Eve sich losreisst, sich verabschiedet. Es ist um sie beide geschehen.

Auf dem Herbstmarkt treffen sie sich wieder, verliebt treiben sie sich ausgelassen zwischen den Ständen herum, küssen und umarmen sich, probieren Hüte und Mützen und kaufen sich je eine grosse, afrikanische Wollmütze, als wären sie Zwillinge. Verbunden im Herz, auf dem Kopf und mit allen Fasern der Lust und Sehnsucht. Beim nächsten Passfotoautomaten schieben sie das nötige Kleingeld in den Spalt, setzen sich gemeinsam auf den weissen Stuhl, drehen ihn unter Gelächter in die richtige Höhe, grinsen in das schwarze Fenster hinein, halten dem grellen Blitzen, das folgt, stand und freuen sich, die noch nassen Bilder in der Hand haltend am Fotostreifen. Süss sehen sie beide aus, unbeschwert, glatthäutig, mit glänzenden Kulleraugen wie Teddybären.

Rainer ist böse und wirft Eve vor, ihn hinterlistig verlassen zu haben. Er hatte zwar zugestimmt, dass Eve in eine andere Wohnung zieht, besucht sie dort auch und hofft auf einen neuen Anfang. Eve öffnet ihm die Tür. Rainer sieht fein und zart aus, Eve ist hingerissen von ihm. Obwohl Lukas sie auf alle Art und Weise für sich gewinnt, wird Eve mit jeder Faser rückfällig, schläft mit Rainer, ein paradiesisch-luftiges Erlebnis in rötlichem Licht, nicht ganz von dieser Welt, mit einer hypnotischen Wirkung, die sie nicht vergisst. Als Rainer sich danach nicht mehr meldet, ruft Eve ihn an, hört ihn in den Telefonhörer lallen, volltrunken. Wie eine Totengräberin schaufelt sie schwere Erde auf das wunderbar erotische Erlebnis mit Rainer und verdrängt die Wünsche nach ihm radikal. Lukas hilft ihr dabei, schreibt ihr Liebesbriefe mit kunstvollen Zeichnungen, die sie überraschen, beglücken.

Eve zieht um. Als sie das erste Mal ein paar Stunden lang allein in der frisch gestrichenen Wohnung sitzt, bemerkt sie, dass im Abstand von zehn Minuten Flieger über das Haus lärmen. Auf ihrem senfgelben Biedermeiersofa sitzt sie steif und starr. Sie fühlt sich allein. Ein sonniger Samstag will sie aufheitern, es gelingt ihm nur halb. Eve konzentriert sich auf den Fluglärm. Als sie bei 50 anlangt, hört sie auf zu zählen. Verzweifelt, ausgeliefert, betrogen. Sie erinnert sich an ihren Wohnungsbesuch bei der Vormieterin. Auch da flogen zwei oder drei Flieger geräuschvoll vorbei, als sie auf dem Balkon standen. «Das ist immer um 18 Uhr so», beschwichtigt die Frau. Sie ist ganz sicher froh, dass Eve die Wohnung übernimmt und sie nicht bis zum offiziellen Kündigungstermin warten muss. Eves Sehnsucht nach Ruhe ist gross. Eine günstige Wohnung finden schwierig. Sie betäubt die aufkommenden Zweifel. Sie glaubt der Frau. Drei Flieger am Abend, das kann sie ertragen, sie, die jahrelang an der lärmigsten Strasse der Stadt gewohnt hat. Sie zählt weiter, alle zehn Minuten das untrügliche Geräusch, selbst durch Ohropax hindurch. Als hätten die Flieger sie aufgestöbert in ihrem Nest. Als die Woche beginnt, erklingt das Klavier, das die Vormieterin ebenfalls am Rande vermerkte. Ein endloses Üben setzt ein, das Eve bestürzt. Sie klingelt in der untersten Wohnung. Die Musikerin öffnet und weist sie zurecht. «Üben ist erlaubt ab 7 Uhr», sagt sie schroff. Eve schildert ihr Bedürfnis nach Ruhe, verstanden wird sie schon, nur eben, sie ist Musikerin, sie muss üben. Eine Lärmfalle, in die Eve getappt ist, blind und gutgläubig. Klaviermusik liebt sie ja eigentlich, warum bloss regt sie sich dermassen auf? Frühaufsteherin wird sie deswegen nicht, sie läuft nachts unruhig in der Wohnung herum. Nach einem halben Jahr sieht sie Umzugskisten, die Gutes verheissen, das Klavier wird hinausgetragen. Die Flieger fliegen immer noch unerbittlich alle zehn Minuten über ihr Haus hinweg.

Eve wird für Lesungen angefragt. Es ist für sie ungewohnt, allein vor Publikum zu bestehen. Es sollen Geschichten aus Australien sein. In ihrer neuen Wohnung bereitet sie sich vor, in dem sie die Erzählungen immer wieder laut liest. Der Auftrag einer städtischen Bibliothek erfüllt sie mit Stolz. Sie glaubt ganz naiv an ihren Erfolg. Eine Wanderung durch den Wald ist mit der Veranstaltung verbunden, wo an gewissen Stellen gelesen wird. Gleich zu Beginn des Anlasses in den Räumen der Bibliothek liest Eve die erste Geschichte vor. Es kommen viele Leute und Eve fühlt, wie sie unsicher wird. Ihre Angst wird immer stärker, sie erträgt die Blicke nicht, die sie kritisch und kalt mustern. Während des Lesens erstarrt sie innerlich zu Eis. Auch alle Gesichter der Zuhörer sind weiss und kalt, wie zurecht geschliffene Steine. Eve fühlt sich nicht gut, ihre Wangen sind steif, ein verzerrtes Lächeln verharrt auf ihrem Gesicht, sie hat keine Gewalt mehr über ihr Mienenspiel. Der Applaus ist verhalten, was Eve unangenehm berührt. Alles Vorzeichen einer Katastrophe. Ihr neuer Freund Lukas versucht sie aufzumuntern, erzählt auf dem Weg zum Wald Witziges und unterhält alle rundum. Im Wald fühlt sich Eve um Einiges angenehmer, auch ihr Vortrag ist lebendiger und wird beklatscht. Den Schlusspunkt des Events bildet eine Lesung in einer anderen Bibliothek. Noch zwei Erzählungen stehen auf dem Programm. Eve ist von Anfang an unter dem Bann der Niederlage. Nichts hat die Wirkung, die sie sich bei der Vorbereitung zu Hause erhofft hat. Eine breiige, lehmige Last des Schweigens legt sich als Mauer um sie herum. Verkrampfte Lacher im Publikum versuchen Eve zu ermutigen. Das Gegenteil tritt ein. Sie hat das Gefühl einer grausamen Ohnmacht und fürchtet sich vor dem Ende der Lesung. Das Ende ist so schrecklich, wie sie sich fühlt. Kaum Applaus, Lukas' Blick vernichtend. Sie schnappt sich ein Häppchen, steht in einer Ecke, kaut. Lukas schwatzt mit drei Gästen, als wolle er nichts mehr mit Eve zu tun haben. Eve strebt dem Ausgang zu, atmet tief ein und beantwortet nett gemeinte Fragen einer Zuhörerin. Sie spürt die Empathie, hat aber nur eines im Sinn: Flucht. Es ist schon dunkel draussen, langsam läuft sie los und hört die Schritte von Lukas hinter sich. «Gut war das nicht», sagt er streng. «Ich weiss», sagt sie. Dann schweigen sie. Fahren mit dem Bus. Lukas weiss nicht, ob er sie noch sehen will nach dieser verunglückten Lesung. Eve weint. In ihrem Innern brennt es, sie kann sich nicht beruhigen. Lukas verabschiedet sich und Eve nimmt alle Schuld für alles auf sich.

Der breite Bach in der Nähe ihrer neuen Wohnung gibt ihr in all dem Elend neue Kraft. Wenn sie in das funkelnde Wasser schaut, weiss sie, dass sie psychologische Hilfe suchen muss. Sie meldet sich an und bekommt einen Termin für die übernächste Woche. Am nächsten Tag steckt ein Liebesbrief von Lukas in ihrem Briefkasten, der sie erwärmt, erfreut, einen glücklichen Neuanfang der Beziehung verheisst. Als Eve in die ärztliche Praxis kommt, wird sie von drei Hunden begrüsst, zwei weissen und einem braunen. Alles Wolfshunde, die an ihr herumschnuppern, bis die Psychologin strikte, harsch gesprochene Befehle zum Rückzug an sie richtet. Die Psychologin ist seltsam. Sie plappert vor sich hin während des Teekochens, huscht im Raum herum, wirkt wie eine freundliche Hexe. Sie ist etwas älter als Eve, das Gesicht hager, die Augen hell und gross, die Haare schwarz und zum Knoten aufgesteckt. Ihre Stimme zwitschernd, fröhlich. Eve will verstanden werden. Sie ist erstaunt, dass die Psychologin sie nicht von Anfang an durchschaut, Fragen stellt, die Eve irritieren. In der Nacht träumt sie von dem breiten Bach und den steinigen Ufern. Sie sitzt mitten im Steinfeld, die Psychologin kommt ihr über die Steine entgegen. Eve fühlt, dass sie nicht verlassen ist, einen Rückhalt in dieser Frau gefunden hat. Es gibt ein neues Theaterstück, das Eve mit Rainer entworfen hat. Die Fantasie entpuppt sich als geflügeltes Ross, das alles schon als erfüllt vorgaukelt. Doch Rainer stoppt sein Pferd und lässt es mitten im Ideen-Wald stehen. Er streikt und sagt seine Teilnahme ab. Eve führt beide Gäule durch das Dickicht und gibt die Hoffnung nicht auf. Sie will Rainer durch einen Schauspieler ersetzen und bekommt eine Adresse, wo sie sofort anruft. Der Mann, der gerade ein Solostück in einem Kellertheater in Eves Heimatstadt spielt, hat grosses

Interesse, in Eves Projekt einzusteigen. Eve besucht seine Aufführung. Der Schauspieler spielt mit Hingabe und legt auch körperlich eine Bravourleistung hin. Eve engagiert ihn und bekniet Lukas, ob er nicht die Regie übernehmen will. Lukas ziert sich und bringt viele Gegenargumente. Er sagt trotz einiger Bedenken zu. Es gibt in diesem Stück drei Ebenen. Das bildstarke Märchen der Schönen und des Biestes, das einer Abendgesellschaft erzählt und vorgespielt werden soll von einer Salondame des 18. Jahrhunderts und ihrem Diener Gaston. Untergründige Spannung herrscht zwischen den beiden. Gaston, der sich plötzlich zum Herrn erklärt, die Hausdame, die aufbrausend unterliegt. Der Diener wird zu Rainer, der erklärt, er steige aus, es stinke ihm. Eve, die ihn verzweifelt umstimmen will, die sich auflehnt und zusammenbricht. Private Szenen aus Eves und Rainers Alltag. Szenen, in denen es um Sucht und Abhängigkeit geht, um Macht und Ohnmacht. Doch das Märchen entfaltet sich schliesslich in seiner ganzen Schönheit. Der Diener ist Erzähler, die Herrin die Schöne, aber auch das Biest. Das versöhnliche Ende des Märchens und der private Kampf von Eve und Rainer, ausgetragen am Küchentisch, stehen sich gegenüber, schroff und unerbittlich.

Eine neue Familie zieht unter Eves Wohnung ein. Eve ist darüber nicht unglücklich, die, die gehen, sind eingebildet, dominant und frech. Doch folgt eine neue Katastrophe, die bereits in der Umzugsnacht für polternden Schrecken sorgt. Eine grölende Bande feiert bis in die Morgenstunden, was Eve schockstarr werden lässt. Innerlich zitternd, sonst ruhig, beschwert sie sich nach Stunden. Der ausgelassene, sternhagelvolle neue Mieter steht schwankend in der Haustür und brüllt ihr zu, das sei normal nach harter Arbeit. Er wirkt wie ein Seemann, weit herumgekommen, urmännlich und nicht ohne Schalk. Eve ist im Innersten aufgewühlt, sie ahnt, dass sie nun täglichen Lärm ertragen muss. Sie sieht bald darauf die schwarze Ehefrau mit Tochter und Nachwuchs auf dem Arm. Als sie das kleine Kind betrachtet, schmilzt sie dahin. Es sei ein Mädchen namens Natalie, lacht die Mutter, als sie sieht, welche Wirkung das kleine Mädchen auf Eve ausübt. Noch nie hat Eve solche Augen gesehen. Verspielt, seelenvoll und freudig. Ein Kind, dem nichts und niemand widerstehen kann, denkt Eve und lacht es an. Es wird zum grossen Leuchtpunkt im chaotischen Leben dieser Familie, deren erklärtes Oberhaupt schwer arbeitet und masslos säuft.

Eine blonde Engländerin ist Hauswartin in Eves Block. Klein und zierlich schreit sie zärtlich «Wuschel» durch den Hausflur. Der Kosenamen ihres rundlichen Ehemannes, der Eve misstrauisch mustert. Sie weiss alles von den Bewohnern und erzählt Eve Geschichten über sie. Die anständigen Mieter sind für sie eine Wohltat. Doch die Kinder der frisch eingezogenen Familie, reizen sie zu verbalen Ausbrüchen. Sobald sie spürt, dass Eve milde gestimmt ist, dämpft sie ihre Aussage und bettet sie in Schaumstoff. Durch den Job ihres Mannes seien sie von den britischen Inseln in die Schweiz gereist. Sie habe oft Heimweh und vermisse die englische Art. Manchmal hört Eve ihre Gäste, die auf dem Balkon lachen. Es wird Englisch geredet, was Eve gefällt. Die Hauswartin trinkt schon am Vormittag Schnaps. Dann kann sie das Wort «Wuschel» kaum mehr artikulieren. Mehrmals ruft sie es dem nicht auftauchenden Ehemann zu. «Wuschel, Wuuuuscheel.» Sie steht in der Tür, ihre schwarzen Knopfaugen schauen unruhig den Gang entlang, wo Eve ihr entgegenkommt. Da schliesst die Hauswartin blitzschnell ihre Tür.

Eve denkt mit schlechtem Gewissen an ihre verstorbene Mutter. Obwohl die Mutter keinen Besuch mehr wollte, weiss Eve, dass sie dieses Verbot nicht so ernst hätte nehmen sollen. «Ich will, dass ich mich gut fühle, wenn du kommst», betonte ihre Mutter immer wieder. Sie starb plötzlich und ohne ihre Töchter wiederzusehen. Eve überlegt sich, als Wiedergutmachung alten Menschen tatkräftig zu helfen und findet Ansprechpersonen bei Hilfsdiensten der Stadt. Eve kann zwar knapp von ihrer künstlerischen Arbeit leben, zusätzliches Geld zu verdienen ist für sie dennoch Anreiz genug, dass sie sich bei der betreffenden Stelle bewirbt.

Sie darf innert Wochenfrist beginnen. An zwei Tagen in der Woche wird sie zu alten Menschen geschickt, die Hilfe im Haushalt brauchen. Ihr erster Kunde wohnt in einem Einfamilienhaus mutterseelenallein. Der alte Mann hält sich im Wohnzimmer auf und sitzt immer auf der gleichen Stelle des Sofas. Sie solle einfach alles ein wenig reinigen, die Teppiche saugen, die Küche und das Bad nass aufnehmen. Am wichtigsten sei ihm die Treppe zum oberen Stock, sie müsse besonders sauber sein. Mit der Zeit ist es ihm zunehmend gleichgültiger, wie viel Hausarbeit Eve erledigt. Er will, dass sie sich zu ihm setzt und erzählt auf plastische Art und Weise aus seinem Leben. Eine Schifffahrt beschreibt er so, dass Eve das Gefühl hat, die Wellen zu sehen, das Wasser zu riechen. Er erzählt von Träumen, in denen seine vier Brüder vorkommen. Sie seien bei ihm zu Gast gewesen, obwohl sie schon alle gestorben seien. Wenn er erwache, höre er sie hinter den geschlossenen Zimmertüren sprechen, rumoren, reden. Sie rufen ihn beim Namen, doch wenn er die betreffende Tür öffne, sei niemand da. «Es spukt hier», sagt der alte Mann und schaut Eve besorgt an. Eve mag Gespenstergeschichten, doch spürt sie, dass der Greis sich nicht mehr wohlfühlt in den eigenen Wänden. Im Gespräch mit der Chefin des Betriebes weist sie auf die Einsamkeit des alten Mannes hin. Nach ein paar Tagen hört sie, dass er auf Veranlassung seines Sohnes ins nahe Altenheim gezogen sei. Eve solle ihn doch dort bei Gelegenheit einmal besuchen.

Lukas will Eve seinen kleinen Sohn vorstellen. Er ist immer dienstags bei ihm. Lukas kocht dann und macht mit ihm Hausaufgaben. Eve fährt mit ihrem Fahrrad quer durch die Stadt den kleinen Strassen entlang, angenehm auf und ab. In Lukas Küche sitzt ein kleiner, schmaler Junge mit Flachshaar und einem feinen Gesicht. Er schaut Eve unverwandt an, scheu und doch neugierig. Eve findet, er gleiche dem kleinen Prinzen in der Geschichte von Saint-Exupéry aufs Haar. Lukas Mahlzeiten schmecken, sind fleischlos vielseitig. Sie sitzen alle drei am Küchentisch. Lukas redet mit Eve und versucht seinem Sohn die Ängstlichkeit zu nehmen, die dieser auch zusehends verliert und zutraulicher, ja sogar schwatzhaft wird. Er gefällt Eve, sie unterhält sich gerne mit ihm. Er erzählt von der Schule, von seiner älteren Schwester, mit der Lukas gerade am Telefon plaudert. Damian zieht aus seiner Schulmappe ein paar Zeichnungen. Er hat seine Mutter, seine Schwester und sich selbst gemalt und Lukas, wie er entfernt von ihnen in der Luft hängt, wegfliegend. Eve ist berührt durch diese unmittelbare Sicht auf die Situation des Konflikts, der Trennung und anschliessenden Scheidung seiner Eltern.

Eve steht auf ihrem Balkon. Es hat geschneit. Massen von Schnee liegen auf dem Rasen vor dem Haus. Eve beobachtet das kleine Nachbars-Mädchen, das ihr so gut gefällt. Es rollt Schnee zu drei grossen Ballen. Das Kind ist ganz vertieft in sein Werk, fühlt sich unbeobachtet. Eve hört es heftig ein- und ausatmen. Zäh bleibt es dran. Mit enormer Kraft schiebt es die erste, dann die zweite und dritte Kugel vor sein ebenerdig gelegenes Kinderzimmer. Es stapelt die drei Mocken ächzend aufeinander, gönnt sich nicht die geringste Pause, beklopft einen riesigen Bauch von allen Seiten, setzt in die oberste, kleinste Schneekugel zwei Kieselsteine als Augen, einen herausragenden Tannenzapfen als Nase, drei Holzästchen als Lippen, beatmet ihn. Der Schneemann lacht Natalie an, das einzige, lebendige Wesen weit und breit. Hat er nicht eben auch zu Eve hochgezwinkert, die heimlich zugeschaut hat, wie sich das kleine Mädchen seinen grossen, eisigen Kameraden erschuf?